TAEKWONDO

Charles A. Stepan

Traducido por: Traducciones Maremagnum MTM

ISBN: 84-9764-137-X

Primera publicación en España por:
C/ Primavera, 35 - Polígono Industrial El Malvar
28500 Arganda del Rey, MADRID - ESPAÑA
E-mail: edimat@edimat.es
http//www.edimat.es

Publicado en UK por New Holland Published (UK) Ltd
Fotomecánica por Hirt y Carter (Cape) Pty Ltd
Impreso y encuadernado en Malasia por Times Offset (M) Sdn Bhd

EXENCIÓN DE RESPONSABILIDAD

El autor y los editores han hecho todo lo posible para garantizar que la información contenida en este libro fuera correcta en el momento de ir a imprenta y no se hace responsable de ningún daño o molestia sufrida por cualquier persona al utilizar este libro o seguir los consejos aquí contenidos.

AGRADECIMIENTOS DEL AUTOR

Sam Naples por su ayuda con algunos de los textos; James Evans por su destreza fotográfica, además de a Karyn Richards, Editora Delegada de New Holland Publishers, y a la editora de este libro, Lauren Copley, por su tenacidad. Finalmente al Gran Maestro Kae Bae Chun, la base.

DEDICATORIA

A Bitsy... por todo.

CONTENIDO

INTRODUCCIÓN

Abrir la puerta del dojang

El taekwondo es un arte marcial coreano. A pesar de sus raíces antiguas, el taekwondo moderno se ha desarrollado principalmente en Corea los últimos cincuenta años. Los maestros en artes marciales descartaron lo antiguo y poco útil, y lo rediseñaron para convertirlo en lo que es actualmente, una de las artes marciales más practicadas en el mundo.

La traducción literal de taekwondo es «arte pie-puño». El «do» se refiere al estado de armonía con uno mismo. El principio es que cuando uno está en armonía consigo mismo, generalmente no es difícil estarlo con la naturaleza, e incluso con los adversarios.

El taekwondo tiene como objetivo enseñar a los estudiantes a desarrollar todo su potencial humano mediante métodos experimentados y probados, combinados con herramientas efectivas que refuerzan este potencial con valor y confianza. Con un entrenamiento riguroso, a la vez que se utilizan pies y puños, se llega a un camino hacia la plenitud.

Relación con el kárate

Los puñetazos y patadas básicos del taekwondo moderno son los mismos que los que se usan en el karate. Muchos de los golpes con la mano y de las patadas básicas también se usan en el taekwondo; la diferencia es la ejecución.

En el kárate, los preciados golpes de puño invertido, la patada frontal, la patada lateral y la patada invertida son técnicas devastadoras en el contacto. En el taekwondo, estas técnicas se han desarrollado y adaptado para que un estudiante pueda superar a su oponente en velocidad y/o fuerza.

Los taekwondistas dominan nuevas maneras de penetrar las defensas mediante pasos, brincos, saltos y técnicas de vuelo que han demostrado su efectividad en competiciones de artes marciales internacionales, incluso cuando los exponentes de diferentes artes de lucha compiten entre ellos en torneos abiertos.

Uno de los principales objetivos de este libro es introducir a los principiantes en el taekwondo y que lleguen a un nivel razonable, con la esperanza de que, algún día, puedan situarse en la raya, la posición inicial para una pelea o combate, en una competición internacional y no sólo sobrevivir, sino defenderse brillantemente.

Aunque el propósito del aprendizaje de las artes marciales es la supervivencia, aprender a defenderse eficazmente es un extra del entrenamiento de taekwondo. No obstante, la instrucción en técnicas de lucha no es el propósito último del taekwondo, sino únicamente uno de los objetivos de este arte marcial.

Junto con la defensa personal, la combinación de técnicas y el rompimiento, los estudiantes aprenden varias técnicas de combate. Después, procuran perfeccionar sus habilidades para comprender la naturaleza humana y, más importante, entenderse mejor a ellos mismos. Además de conseguir una forma física y una ligereza, lograr mayor autocontrol, velocidad, fuerza y agilidad, el taekwondo es un medio para asociar de nuevo cuerpo y mente.

Las habilidades y la trayectoria de autodominio de un estudiante se afilan bajo la mirada de un maestro. Lleva semanas, meses e incluso años de sudor y entrenamiento. Se enfatiza la técnica mediante repetición hasta que se hace instintiva. El espíritu se desarrolla con disciplina y aliento continuo.

Los estudiantes son examinados poniéndolos en situaciones de combate estresantes, en su propio nivel, sin nadie en quien confiar, sino en ellos mismos y en su arte. «Fallar» no significa fallarle a tu escuela o a tus compañeros, sino que evidencia que te has fallado a ti mismo. Exigiéndose a ellos mismos, los estudiantes construyen su fuerza de voluntad y su sentido del logro aumenta.

página siguiente: EL CINTURÓN INDICA LO LEJOS QUE SE HA LLEGADO Y LO QUE QUEDA AÚN POR DELANTE.

MUCHOS HISTORIADORES DE TAEKWONDO CREEN QUE ESTE ARTE MARCIAL FUE CONSERVADO EN SECRETO POR LOS MONJES DE TEMPLOS BUDISTAS COMO ESTE, EL BUP JU-SA (TAMBIÉN LLAMADO POP JU-SA), EN EL PASADO TURBULENTO DE COREA.

Vuelta a las raíces

La historia antigua y moderna de las artes marciales de Corea sería bastante complicada de seguir, aunque todos los coreanos que practican artes marciales estuvieran de acuerdo, que no es el caso. El orgullo, tanto personal como nacional, combinado con la gran proliferación de estilos de taekwondo, ha enturbiado mucho el agua.

Se necesita un estudio exhaustivo para seguir la evolución del taekwondo desde sus orígenes antiguos a su situación actual. Las raíces de las artes marciales coreanas antiguas comprenden varias disciplinas, a saber, Kongsudo (manos vacías), Tangsudo (técnica de manos vacías de la dinastía Tang), Taesudo (arte patada-puño); Kwan Bup (Quanfa, Kenpo o boxeo chino); Tangsu (mano Tang), Subak («manos golpeadoras»), y Chabi (Taiken: combinación de Kenpo y Jiu-jitsu, un arte japonés de palanca, proyección y estrangulamiento)

Muchas artes marciales coreanas actuales aún conservan su nombre, pero sólo el Taekyon, un arte de patada apenas practicado, tiene un linaje registrado que se puede seguir hasta sus raíces. Otras disciplinas modernas, como el Subak o el Tangsudo, tienen una conexión legendaria con las artes de hoy; usan el nombre antiguo, pero no tienen un linaje demostrable.

Historia moderna del taekwondo

La historia moderna del taekwondo se remonta sólo cincuenta y cinco años, al final de la Segunda Guerra Mundial. 1904 fue un año triste para la historia de Corea, ya que los japoneses comenzaron su expansión al oeste, hacia Corea. En 1910, las fuerzas japonesas tenían ocupado el país completamente, y uno de sus objetivos era suprimir la herencia y la cultura coreanas. Todas las artes marciales que se practicaban en Corea en aquel momento fueron prohibidas bajo pena de muerte.

Cuando la marcha del conflicto comenzó a intensificarse y los acontecimientos se acercaban cada vez más a la Segunda Guerra Mundial, muchos jóvenes coreanos fueron obligados a cooperar con las fuerzas armadas japonesas, haciéndose soldados o jornaleros. Muchos de estos subyugados tuvieron la oportunidad, primero, de observar y, más tarde, de participar en las clases de kárate japonesas (ahora sabemos que la mayoría estudiaron o bien el estilo Shotokan o el Shudokan).

La primera escuela de artes marciales regentada por coreanos surgió en la ciudad de Kaisông (antes llamada Songdo, la antigua capital de Corea) en 1945.

Pioneros del arte

Byung Jik Ro, que desempeñaría un papel clave en el desarrollo de las artes marciales coreanas, fundó la primera escuela. Won Kook Lee e Il Sub Chun siguieron su ejemplo, poco después, y abrieron la segunda en Seúl. Cuando acabó la guerra, estas escuelas pioneras se vieron obligadas a cerrar sus puertas, pero volvieron a abrirlas en 1946, y no tardaron en crearse varias más en todo Corea.

Justo cuando estas escuelas comenzaban a reestablecerse ligeramente, tuvieron que volver a cerrar, unos cuantos años después, al estallar la guerra de Corea, en 1950.

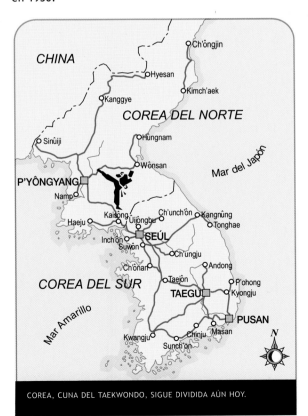

COREA, CUNA DEL TAEKWONDO, SIGUE DIVIDIDA AÚN HOY.

En 1953, la paz volvió a la región asolada por la guerra y las antiguas escuelas (conocidas como *kwans*) reanudaron su actividad. Los artistas marciales coreanos también comenzaron a hacer tentativas para unificar las diferentes ramas y fundaron la Asociación Coreana de Kong Soo Do (manos vacías).

Mas pronto surgieron desavenencias, y la asociación se disolvió. Mientras los *kwans* seguían creciendo y multiplicándose, las técnicas y los métodos de entrenamiento se iban puliendo y rediseñando, aumentando así la riqueza de lo que ahora se conoce como taekwondo.

Nacimiento de nuevos estilos

En vista de que habían surgido muchas escuelas y estilos del nuevo arte, los líderes de los *kwans* volvieron a reunirse en 1955. Con el nombre de Conferencia de Taesudo-Kongsudo, el objetivo de ese encuentro era conseguir la unidad y se cree que el nombre de taekwondo fue propuesto allí por primera vez. En los años siguientes, la organización sufrió numerosos cambios, mientras que en el país se produjo un tremendo levantamiento político en 1961.

La Asociación Coreana de Taekwondo recibió, por fin, la aprobación oficial de la Asociación de Deportes Amateurs de Corea en 1964.

Con el tiempo, el taekwondo fue ganando reconocimiento como arte marcial efectivo y se extendió por Asia y también en otros países más lejanos, como Estados Unidos, Canadá, Alemania Oriental, Italia, Turquía y los Emiratos Árabes Unidos.

Organizaciones más importantes

Actualmente, sólo dos organizaciones importantes representan los intereses de este arte marcial en todo el mundo: la Asociación Mundial de Taekwondo (WTF) y la Federación Internacional de Taekwondo (ITF). Estas dos organizaciones deportivas tienen el poder de conceder una graduación a los practicantes recomendados, pero no tienen que reconocerles necesariamente.

Por el contrario, las escuelas *kwan* más tradicionales sólo gradúan a aquellos estudiantes a los que han enseñado y examinado personalmente.

Actualmente, en Corea del Sur, todos los practicantes de taekwondo son titulados aprobados por la Federación Mundial de Taekwondo, el sistema nacional oficial en Corea del Sur. Allí se practica lo que la mayoría del resto del mundo cree que es un deporte.

EL ENTRENAMIENTO INTENSIVO CONVIERTE EL CUERPO EN UN ARMA LETAL.

«Logra tu objetivo, mas para cuando sea oportuno, y nunca te arriesgues a confiar en tu fuerza;
Logra tu objetivo, pero no alardees de tu éxito;
Logra tu objetivo, pero no te jactes de tus capacidades;
Logra tu objetivo, pero sólo como paso inevitable;
Logra tu objetivo, pero no presumas de tu fuerza;
Porque todo envejece y decae después de llegar a la perfección;
Todo lo que está contra Tao deja pronto de existir.»

Lao Tzu (filósofo chino nacido en el 604 a.C.)

Iniciarse en el *dojang*

Probablemente, encontrará que el *dojang* (término coreano para designar un gimnasio de taekwondo) es un área ordenada, limpia y bien aprovechada. El suelo de algunos *dojang* es de madera o está forrado con moqueta, otros tienen colchonetas blandas, pero todo debería estar sin mancha. En esencia, el *dojang* es un reflejo de los estudiantes que se entrenan allí. Al menos una de las paredes estará cubierta de espejos, que son funcionales: sirven como profesores adicionales, ya que reflejan posiciones incorrectas o técnicas de manos o pies mal realizadas. Los espejos también muestran los resultados alentadores del trabajo duro mientras los estudiantes se esfuerzan para mejorar sus técnicas.

También es posible que cuelguen uno o dos sacos de entrenamiento del techo, junto con una hilera de sacos de arena en la pared. Los profesores usan estos aparatos de entrenamiento para mejorar las técnicas.

Encontrará banderas colgadas de la pared del *dojang*: una honrará a su país natal; la otra, a Corea, el país de origen del taekwondo.

La reverencia, una muestra de respeto

Si visita el gimnasio durante una sesión de taekwondo, verá que los estudiantes hacen una reverencia a las banderas y al profesor al entrar y al salir del *dojang*. Este gesto es una muestra de respeto hacia su país, su arte y su maestro. En gran parte, es una señal de respeto hacia su propio campo de batalla personal, donde han aprendido a desafiar y a vencer sus miedos.

El aprendizaje del arte del Taekwondo es un camino largo; este arte no se centra en las habilidades aprendidas, sino en proporcionarles a los alumnos la senda para aprenderlas y enseñarlas. Este libro pretende que los principiantes aprendan taekwondo puro, sin tener en cuenta si su escuela de artes marciales está afiliada a la ITF, la WTF o al sistema *kwan*, y no una de las artes mixtas que existen. Un ejemplo de esto es el Taebo, combinación popular de aeróbic y taekwondo. Aunque normalmente las clases las da un profesor de artes marciales, los estudiantes creen erróneamente que, en realidad, les están enseñando un «arte de combate».

Este manual muestra las técnicas básicas, trata los objetivos y la filosofía del taekwondo y se centra en su aplicación práctica en la defensa personal.

LA REVERENCIA NO SÓLO ES UNA SEÑAL DE RESPETO AL OPONENTE Y AL ARTE, SINO QUE RECUERDA LA RESPONSABILIDAD QUE SE TIENE AL UTILIZAR LAS TÉCNICAS POTENCIALMENTE PELIGROSAS QUE SE HAN APRENDIDO.

PARA EMPEZAR

Elementos básicos y ética del dojang

Todos aquellos que practiquen artes marciales deben aprender la técnica. Cada maestro y cada profesor tienen un método que consideran el mejor para enseñarles esa técnica a los estudiantes. Una vez que un alumno haya aprendido todas las técnicas y combinaciones que enseñen en su escuela, conozca todas las reglas y principios del estilo de su escuela y haya aprobado los exámenes para cada *gup* («grado» en coreano), le invitarán a examinarse para conseguir el cinturón negro. No todos los cinturones negros son iguales. Normalmente, los cinturones negros no se diferencian sólo en las habilidades físicas, sino también en su conocimiento de las artes marciales.

Todos los maestros desean enseñar la técnica de su estilo, pero el taekwondo es mucho más que dominar un estilo. Algunos de los maestros más viejos poseen un conocimiento especial que imparten únicamente a aquellos estudiantes que demuestran que realmente quieren aprender y se lo merecen. Esos estudiantes harían lo que fuera para demostrarle a su maestro que son dignos de seguir «el camino del taekwondo».

La mayoría de antiguos maestros impartían sus conocimientos a estudiantes avanzados que consideraban dignos. Muchos de éstos, a su vez, se hicieron maestros y honraron a profesores situados por debajo de ellos pasándoles sus conocimientos del camino del taekwondo. Este «camino» es la senda a la que se refiere el «do» de la palabra taekwondo.

El profesor adecuado

Es normal que al principio escoja un profesor que confíe que puede enseñarle lo que necesita aprender. A cambio, usted no deberá tener reservas para mostrar su compromiso con el maestro o con alguno de sus profesores, cuidadosamente seleccionado.

Al escoger un profesor, los títulos enmarcados que cuelgan de la pared de un *dojang* no son necesariamente una descripción fiel de las calificaciones conseguidas. Tenga en cuenta también que, en el mundo de las artes marciales, esos certificados sólo se remontan una generación. Una «generación» de artes marciales no equivale al sentido normal del término: una persona funda un arte o estilo y sus estudiantes se convierten, por consiguiente, en la primera generación. Los alumnos de éstos se convierten en la segunda generación, etcétera.

Irá por buen camino si el *dojang* en el que entre está reconocido por el estamento rector del país en el que viva. Si una escuela no cumple este requisito, pida información sobre el linaje de sus artes marciales y referencias del profesor. Si tiene un rango inferior a cinturón negro de cuarto grado, en su gimnasio y folletos debe estar especificado que un profesor de rango superior le ha habilitado para enseñar.

Muchos profesores tradicionales con un rango superior al cuarto grado, por no decir la mayoría, aún honran a sus profesores en sus folletos. Si la escuela que tiene en perspectiva atribuye su programa de entrenamiento a un gran maestro reconocido, es probable que tenga unas bases sólidas.

Para el principiante, ver una clase de taekwondo no suele ser de gran ayuda (especialmente si sus conocimientos de artes marciales se limitan a las películas o programas de televisión), a menos que cuente con un entrenamiento previo en artes marciales. Las escuelas de artes marciales cuentan con muchos profesores que son cinturón negro, que se han escindido de su escuela después de alcanzar ese rango para impartir su forma personal de entrenamiento. En el taekwondo, no se mira a los poseedores de un cinturón negro con un temor reverencial, sino más bien como alum-

página siguiente BIEN ENTRENADO, EL LUCHADOR ADOPTA LA POSICIÓN DE PREPARADO, O JUN BE.

LOS *DOJANGS* SUELEN DESPLEGAR DOS BANDERAS: UNA EN HONOR DE COREA Y OTRA DEL PAÍS ORIGINARIO DE LA ESCUELA.

aprendan para defenderse a ellos mismos o a miembros de su familia.

■ Se espera que los estudiantes de taekwondo tengan buenos modales, sean siempre conscientes del hecho de que representan a su escuela y se comporten de manera adecuada en todas las ocasiones.

Comportamiento en el *dojang*

■ Es una señal de respeto hacer una reverencia al entrar o salir del *dojang*, o de la superficie de trabajo.

■ Al entrar o salir del gimnasio, haga una reverencia ante las banderas. Si el profesor principal de la escuela se encuentra en la zona, deberá inclinarse primero ante las banderas y luego ante el maestro.

■ Al hablar con el profesor, muestre su respeto manteniendo los brazos relajados a los costados.

■ Mantenga las uñas de las manos y los pies limpias y cortadas pulcramente.

■ Preste atención al profesor y hable sólo cuando sea necesario.

■ Si llega tarde, póngase el uniforme (*dobok*) y espere al fondo de la clase hasta que encuentre un momento y pedirle permiso al profesor para unirse.

■ Conserve siempre la disciplina corporal: mantenga la espalda recta, tanto en pie como sentado.

■ No se siente si no se lo piden, y nunca se tumbe en el suelo, a menos que forme parte de una demostración de clase. Al sentarse, cruce las piernas sin apoyarse en nada.

■ Si debe dejar la zona del *dojang* o la superficie de trabajo, pida permiso al profesor.

■ Los fumadores sólo podrán fumar fuera, y deberán salir el *dojang* para hacerlo.

■ No diga palabrotas, ya que es una señal de enfado y de poco autocontrol.

■ No pelee si el profesor no le ha dado permiso.

■ Intente mantener siempre una atmósfera de respeto mutuo, atención y buena voluntad.

Normas de seguridad

La seguridad debe ser siempre una parte integral del entrenamiento de taekwondo. Las siguientes normas aseguran un entrenamiento eficaz y seguro:

■ Esté siempre atento y alerta, especialmente donde los alumnos dan puñetazos, patadas y saltos.

■ Las técnicas de taekwondo pueden mutilar y herir a otros; asegúrese de entrenar concentrado y con absoluta seriedad, con los ojos fijos en su oponente.

■ Al pelear, mantenga la zona de seguridad.

■ No pegue a nadie deliberadamente, con intención de herirle o infligirle algún daño corporal.

■ Piense antes de moverse y muévase juiciosamente.

■ No hable de ningún aspecto de su formación con personas ajenas al *dojang*. No haga demostraciones de las técnicas o procedimientos aprendidos sin el permiso de su maestro. Esto es importante, ya que las exhibiciones sin supervisión pueden poner en peligro a terceros y comprometer su seguridad personal.

Traje de taekwondo

El *dobok*, uniforme tradicional de taekwondo, se parece al uniforme blanco *dogi* que se usa en el kárate (excepto el de los miembros de la Federación Mundial de Taekwondo, la parte de arriba de cuyo *dobok* se explica más adelante). El uniforme ancho de algodón es parecido a la ropa de diario que llevaban los coreanos.

Antaño, el color blanco se consideraba un signo de pureza. Ricos y pobres llevaban el traje blanco para eliminar las distinciones de clase. Tanto hombres como mujeres llevaban una chaqueta y unos sencillos pantalones anchos de algodón, que les daban comodidad y una total libertad de movimientos. Aunque el blanco es el color del uniforme de taekwondo original, no es extraño encontrar *doboks* de varios colores hoy día, a veces incluso con combinaciones de colores a juego.

Versión moderna

La Federación Mundial de Taekwondo, representante del arte que se practica actualmente en Corea, patrocinada por el gobierno, ha introducido una nueva clase de *dobok*. Aunque la chaqueta del *dobok* sigue siendo blanca, ya no tiene la abertura frontal cruzada. Probablemente, es más correcto describir la nueva versión de la chaqueta con la parte delantera cerrada como un jersey, ya que la prenda se mete por la cabeza, como una sudadera normal y corriente.

Las escuelas *kwan* y la Federación Internacional de Taekwondo siguen prefiriendo el uniforme *dobok* tradicional, con la chaqueta abierta por delante cruzada.

La chaqueta se lleva con la solapa izquierda cruzada sobre la derecha. También lleva lazos en los laterales, pero los taekwondistas no suelen utilizarlos. Las mujeres que llevan este tipo de chaqueta suelen llevar una especie de camiseta debajo.

La chaqueta suele llevar insignias cosidas. La insignia de la escuela se coloca en la parte izquierda del pecho, en la mayoría de escuelas, y se cosen banderas blancas en la parte de arriba de los brazos. Sin embargo, el uso y la colocación de insignias y banderas en el uniforme de taekwondo debe estar suje-

to a la dirección del maestro profesor. Como ocurría en el traje antiguo, todas ellas se pueden coser en la parte de arriba del traje, pero actualmente el logotipo de la escuela suele estar impreso directamente en la tela.

Sea cual sea el uniforme de su escuela, una vez tenga el *dobok*, tendrá que llevarlo al entrenamiento.

Tenga en cuenta también que los profesores llaman la atención a los alumnos que no se preparan ni a ellos ni a sus uniformes para las clases. Asegúrese siempre que su *dobok* esté limpio y sin arrugas o rasgaduras. Normalmente, se considera que un alumno descuidado en su manera de vestir no tiene la previsión necesaria para aprender algo tan serio como un arte marcial.

LA PARTE DE ARRIBA DEL *DOBOK* MODERNO TIENE EL CUELLO EN V Y SE METE POR LA CABEZA.

Terminología útil

Dado que el taekwondo se practica en todo el mundo, es más que razonable que el lenguaje que se usa en los entrenamientos se enseñe en todas partes, para que los estudiantes que viajen de un país a otro puedan seguir las clases. Considerando las raíces coreanas del taekwondo, el coreano es obviamente el idioma elegido. No es necesario aprenderlo todo, sólo los términos apropiados para las sesiones de entrenamiento.

No obstante, las escuelas utilizan su propia lengua junto con el coreano. En Estados Unidos, por ejemplo, las clases se dan en inglés con las frases y descripciones coreanas convenientes, mientras en Canadá, las clases se dan muchas veces en inglés, coreano y francés.

Para practicar la mayoría de ejercicios (lucha práctica, defensa personal o preparación física) en las clases de taekwondo, es necesario que todos los alumnos tengan el mismo nivel. Cada paso del ejercicio es numerado, los movimientos se ejecutan en secuencia y el profesor probablemente los contará en coreano. Por esa razón, es muy útil aprender cómo contar en coreano. Cabe destacar que las palabras coreanas con más de una sílaba tienen el acento en la primera sílaba.

Contar en coreano

CASTELLANO	COREANO (FONÉTICA)	
Uno	Hana	(pronunciado Hawna)
Dos	Dul	
Tres	Set	
Cuatro	Net	
Cinco	Da sat	(pronunciado Daw set)
Seis	Ya sat	(pronunciado Yah set)
Siete	Il goop	
Ocho	Ya dul	(pronunciado Yaw dul)
Nueve	Ah hool	
Diez	Yul	

Los números después del 10 se cuentan diez-uno, diez-dos, etc. Por tanto, el número 11 sería *Yul-hana*; 12, *Yul-dul*, 13, *Yul-set*, y así hasta el 19, que sería *Yul-ah hool*, y el 20 *Soo mool*. Los números sucesivos a 20 siguen el mismo patrón: *Soo mool-hana* (21), *Soo mool-dul* (22), *Soo mool-set* (23). Parece más difícil de lo que es en realidad. Saber contar hasta 30 es suficiente para cualquier clase de taekwondo.

UN VOCABULARIO BÁSICO DE PALABRAS COREANAS PERMITE A LOS ALUMNOS SEGUIR LAS INSTRUCCIONES Y CONTAR CON EL PROFESOR.

Términos útiles

Le resultará más fácil seguir las instrucciones y percibir mejor el arte si se enfrenta a los ejercicios con algunos términos coreanos básicos. A continuación hay una lista con los más importantes que debería aprender:

CASTELLANO	COREANO (FONÉTICA)
Profesor	Saw bawm nim
Escuela/gimnasio	Dojang
Uniforme	Dobok
Combinación de técnicas	Hyung
Defensa personal	Ho shin sul
Combate libre (orden)	Cha yoo tae ryun
Rompimiento	Kyuk paw
Posición de combate	Tae ryun chaw sawge
Preparado (posición)	Jun be
Empezar	Si jawk
Terminar	Ko mawn
Continuar	Kae sok
Firmes	Cha ryot
Posición de jinete	Chaw choom sawge
Gritar o chillar	Ki yap
Girar	Toe ra
Dar la vuelta	Ti ro toe ra
Girar a la derecha	U yang u
Girar a la izquierda	Cha yang cha
Cinturón negro (prenda)	Hook de
Cinturón negro (persona)	Yoo dan jaw

Hay que tener cuidado al utilizar la lengua coreana, ya que hay al menos tres maneras diferentes de decir cualquier cosa. El respeto es importante en la cultura coreana y también debe mostrarse el debido respeto al hablar. Se utilizan diferentes expresiones según el nivel de rango social: una para los que uno considera de rango superior al suyo, otro para los de igual nivel y otro para los que considere socialmente inferiores. Así, si le tuviera que pedir a alguien que se acercara a usted, la traducción literal de estos tres registros sería:
¿Le importaría venir un momento? (Idisah ship she o)
¿Puedes venir un momento? (Idiwah she o)
¡Ven aquí! (Idiwah)

Términos para los movimientos básicos

Aparte de la terminología general, es útil aprender los términos coreanos que designan movimientos básicos y que utilizará normalmente durante los entrenamientos:

Técnicas de mano

CASTELLANO	COREANO (FONÉTICO)
Puñetazo al medio	Jung dawn chi lu ki
Bloqueo abajo	Ha dawn mawki
Bloqueo interior	Cho noki
Bloqueo exterior	Cho nayki
Bloqueo arriba	Song dawn mawki
Puño arriba	Song dawn chi lu ki
Mano extendida	Kwan soo
Golpe con el canto de la mano	Soo do chigi
Puño lateral	Yup chi lu ki
Bloqueo en posición de gato	Kwang e sae mawki
Canto de la mano	Paah do

Técnicas de patadas

CASTELLANO	COREANO (FONÉTICO)
Patada frontal	Ap chaggi
Ataque frontal hacia delante	Ap ki pun chaggi
Patada lateral	Yup chaggi
Patada circular	Tol yoh chaggi
Patada trasera	Tui chaggi
Patada invertida	Tui tol yoh chaggi

Términos de conversación optativos

CASTELLANO	COREANO (FONÉTICO)
Hola	Ahn yung haw shim neekah
Gracias	Comb sum needah
Lo siento	Mi ahn ham needah
Estoy bien	Jo sum needah
Perdón	Sil lae ham needah
Adiós (1.ª persona)	Ahn yung e kay ship she o
Adiós (2.ª persona)	Ahn yung e kaw ship she o

ELEMENTOS BÁSICOS

Como alumno principiante en el taekwondo, comenzará aprendiendo los movimientos de pies básicos, y luego seguirá con técnicas sencillas de defensa y ataque utilizando manos y pies. En estas clases iniciales, la preparación física y el estiramiento desempeñarán un papel muy importante, como lo seguirá haciendo a lo largo de la práctica del taekwondo.

Cuando comience a familiarizarse con la rutina de entrenamiento y sepa dar patadas y puñetazos con cierta destreza, le enseñarán cómo moverse controlando el equilibrio. Luego aprenderá a ajustar la distancia cuando se enfrente a un oponente (que no tendrá más interés que usted en probar estas nuevas habilidades en estos primeros niveles). El paso siguiente es que su profesor le ayude a coordinar todo lo anterior y le aliente en sus intentos con amables correcciones y alabanzas.

Los combates de entrenamiento

Una vez dominados los elementos básicos, los alumnos comienzan con los combates de entrenamiento. En esas sesiones, el profesor contará con la colaboración de otros estudiantes que estén en el mismo nivel. De cuando en cuando, los mismos profesores combatirán con los alumnos y les permitirán pegar en huecos que crean a propósito en la sesión. Estos combates de entrenamiento obligatorios sirven para dar confianza a los «nuevos guerreros».

Cuando participe en una sesión de combate, el profesor le corregirá pacientemente, le supervisará, estudiará y evaluará cuidadosamente hasta que crea que está preparado para probar en una versión más realista del combate de taekwondo. A partir de entonces, los golpes serán un poco más fuertes cada vez, a medida que el entrenamiento aumente de ritmo e intensidad.

Superar la presión

En este punto del entrenamiento, puede que los profesores revelen otra cara menos agradable de su persona-lidad, exigiendo, mofándose, burlándose y, a veces, insultando al alumno. El objetivo no es intimidar, sino más bien forzarle a utilizar todos sus conocimientos y habilidades para superar la presión que rodea normalmente una situación de combate. De modo que no se sienta insultado si su profesor le barre los pies para enseñarle a respetar la posición y la distancia. Un golpe seco en el plexo solar le hará abrir la boca en busca de aire, mientras piensa en defenderse mejor, y la falta de respeto o un error en el comportamiento puede conllevar que tenga que hacer flexiones con los nudillos.

Puede alegrarse si tiene ese tipo de profesor, perteneciente a la «vieja escuela» de artes marciales, ya que lo hace todo por su bien. Al librarle de la idea equivocada de que el taekwondo es juego y diversión, un profesor duro le hace un favor, en realidad.

Si esta ojeada al entrenamiento le asusta, tenga presente que el taekwondo se supone que es intimidatorio. Este arte marcial debe tomarse en serio y los alumnos aprenderán que el entrenamiento está pensado para que sepan qué pueden esperar desde el principio. No es de extrañar que en este punto se produzca una división: algunos alumnos deciden continuar, mientras que otros llegan a la conclusión de que el régimen del taekwondo no es para ellos.

El profesor es la clave evidente del futuro de cualquier alumno. Si un alumno está desanimado, o incluso un poco asustado, en este punto, puede dudar si seguir o no. En ese caso, el profesor simplemente pierde un alumno, pero éste pierde la oportunidad de pasar por una maravillosa transformación que afectará al resto de su vida. Esa oportunidad enseña al alumno cómo utilizar las herramientas de entrenamiento, como el combate, para superar la presión en una situación estresante.

página siguiente LA DEDICACIÓN Y LA DETERMINACIÓN SE VEN RECOMPENSADAS AL FINAL CON EL CINTURÓN NEGRO.

Cuando los alumnos aprenden a combatir bien y con conocimiento, saben de qué son capaces y no sienten la necesidad de demostrar nada cuando alguien reta su orgullo. El taekwondo equipa con la confianza y la habilidad para superar una gran variedad de situaciones, tanto en el *dojang* como en la vida diaria.

La transformación comienza con los alumnos noveles, les hacen trabajar más para complacer al profesor y así aprenden bien la técnica. Más tarde, la relación entre alumno y profesor, junto con la intensidad del entrenamiento y las sesiones de combate, servirán para canalizar la agresividad que ha despertado el profesor en el alumno.

Bajo una cuidadosa dirección, la agresividad de un alumno se encauza hacia una creatividad que exalta todo lo que haga. En el fragor del combate, esa creatividad le enseña al estudiante a estar donde quiera estar, cuando quiera estar y donde su oponente no le espera. Aprende a confiar en una habilidad innata, como un radar, hasta que defiende y ataca con una calma mental instintiva y con una confianza que contrasta con su falta de habilidad.

Las prendas acolchadas con relleno de esponja y caucho que el alumno ha llevado hasta ahora se desechan cuando descubre que los golpes y contusiones se pueden evitar simplemente apartándose con destreza.

Las mejoras se hacen evidentes cuando el alumno comienza a bloquear, dar pasos laterales, deslizarse y esquivar con eficacia. Cuando los estudiantes se ponen frente a sus oponentes, se empiezan a dar cuenta de que ya son capaces de aprovechar los errores de los demás. Con el consejo del profesor, siguen avanzando, mejorando sus nuevas habilidades con trabajo y sudor, hasta que refinan todo lo que les han enseñado.

Los alumnos aprenden nuevas técnicas de lucha, más efectivas, que se van descartando y reemplazando con técnicas superiores. Por encima de todo, se dan cuenta de que poseen la habilidad instintiva de reaccionar espontáneamente bajo presión. Ya son capaces de reaccionar casi automáticamente con técnicas adecuadas a la amenaza a la que se enfrentan.

Los alumnos aprenden lecciones de respeto, justicia, autocontrol y confianza continuamente. A medida que crecen y cambian, aprenden a mirar en los corazones de sus compañeros, viendo cómo también ellos crecen y aprenden.

La dedicación y el tiempo que un alumno emplea en aprender y entrenar se ven recompensados por el avance de grado y el lento pero seguro progreso hacia el ansiado cinturón negro. Sin embargo, incluso cuando se logra ese objetivo, sigue quedando mucho que aprender. Un cinturón negro es sólo un escalón en una escalera larga y dura.

El que haya interiorizado las lecciones aprendidas en el *dojang* aceptará el honor de que le incluyan en el selecto grupo de cinturones negros con humildad. Es una experiencia abrumadora y hace que uno trabaje aún más.

Con la aceptación como «estudiante serio» se produce otra transformación interna. El nuevo cinturón negro experimentará una sensación de paz y de tener más control de mente y cuerpo. Ese poderoso sentimiento permanecerá, aunque el proceso de aprendizaje nunca está completo.

EL CASCO, EL CHALECO, LAS MANOPLAS Y LOS PROTECTORES DE LOS PIES SON OBLIGATORIOS EN LAS COMPETICIONES INTERESCOLARES.

LOS EJERCICIOS DE ESTIRAMIENTO SON UN IMPORTANTE CALENTAMIENTO.

La primera clase

No todas las clases de principiantes son iguales. Antes, los gimnasios tradicionales ofrecían clases abiertas a todo el mundo, donde los estudiantes podían escoger la hora a la que asistir.

Las clases suelen comenzar con unos ejercicios de estiramiento y calentamiento. Se envía a los alumnos a ciertas zonas de trabajo con otros alumnos de su mismo nivel. Entonces se asigna un profesor a cada grupo por separado, aparte del resto de la clase.

Actualmente, algunas escuelas de taekwondo ofrecen clases introductorias individuales, tras las cuales los alumnos se distribuyen en clases según su nivel, sin tener en cuenta la edad. Otras prefieren enseñar a adultos y niños por separado. La mayoría de gimnasios modernos tienen horarios de clase fijos para que todos los alumnos con el mismo cinturón entrenen juntos.

En la mayoría de clases de taekwondo, la supervisión es, en general, tan buena, que es muy extraño que alguien se haga daño. Es más probable que un alumno enyesado, vendado o con contusiones se haya lesionado durante un intenso partido de fútbol, béisbol, baloncesto o cualquier otro deporte de contacto.

Estiramiento y calentamiento

Cuando salga del vestuario para empezar la primera clase, debe inclinarse ante las banderas del *dojang* antes de entrar en la zona de trabajo. Si el maestro está allí, deberá dirigirle también una reverencia.

Cuando la clase sea llamada al orden, tome posición en la última fila, junto a los demás cinturones blancos o principiantes. La clase se inclinará en conjunto ante las banderas del gimnasio y luego ante el profesor que dirija la clase.

La primera parte de la clase está dirigida por el profesor o un alumno avanzado y en ella todos los participantes efectúan estiramientos. Pueden durar de 10 a 15 minutos; en algunas escuelas pueden durar hasta 30 minutos. Inmediatamente después, o durante los estiramientos, se enseñan técnicas de relajación que todos los alumnos practican.

Sin tener en cuenta los diferentes estiramientos o ejercicios que tenga que practicar, recuerde que, para un taekwondista, el estiramiento del tendón de la corva es el ejercicio más importante.

Una buena sesión de calentamiento y estiramiento evitará lesiones o tirones en los músculos. Sin embargo, sea cual sea la patada que practique (el taekwondo es sobre todo un arte de patada) ha de ser consciente de que la pierna con la que pega la patada no tiene que estar muy estirada. Es la pierna que permanece en el suelo, la pierna de apoyo, la que está haciendo el verdadero estiramiento; de ahí la importancia de los ejercicios del tendón de la corva.

Los estiramientos normalmente vienen seguidos de ejercicios de calentamiento que constan de muchos puñetazos y patadas. A menos que forme parte de una clase en la que todos los alumnos tengan el mismo grado, el profesor dividirá la clase en grupos con rangos diferentes. Ahí es donde los principiantes empiezan a aprender las posiciones, bloqueos, puñetazos y patadas básicos. Más tarde, le enseñarán combinaciones de técnicas, además de introducirle en el combate de entrenamiento y el rompimiento. Como principiante, tiene muchas cosas que aprender, así que preste mucha atención y saque el máximo provecho.

A ESTIRAMIENTO SENTADO: DESDE UNA POSICIÓN SENTADA, DOBLAR UNA PIERNA HACIA EL INTERIOR Y COGER LOS DEDOS DE LOS PIES DE LA PIERNA ESTIRADA.

B ESTIRAMIENTO EN MARIPOSA: SENTADO, AGARRARSE DE LOS DEDOS DE LOS PIES Y RESPIRAR HONDO. MIENTRAS EXHALA, PRESIONAR LAS RODILLAS CONTRA EL SUELO. TAMBIÉN SE PUEDE FLEXIONAR LA ESPALDA E INTENTAR TOCAR EL SUELO CON LA CABEZA.

C CUATRO PUNTOS DE APOYO: SEPARAR LOS PIES TODO LO QUE SEA POSIBLE, MANTENIENDO LAS PLANTAS APOYADAS EN EL SUELO. PONER LAS PALMAS DE LAS MANOS EN EL SUELO CON LA ESPALDA RECTA.

D ESTIRAMIENTO DE HOMBRO 1: CRUZAR UN BRAZO POR DELANTE Y COLOCARLO EN EL OTRO BRAZO DOBLADO.

E ESTIRAMIENTO DE HOMBRO 2: ECHAR LOS BRAZOS HACIA ATRÁS Y JUNTAR LAS MANOS, LEVANTAR LOS BRAZOS SIN INCLINARSE HACIA DELANTE.

Conocimientos esenciales

Cómo atarse el cinturón

Con un poco de suerte, tendrá que atarse el cinturón muchas veces en el futuro, de modo que es importante que aprenda a hacerlo correctamente. Este sencillo método es el que se usa normalmente:

A Busque el centro del cinturón, estírelo y póngalo delante de usted, sujetándolo con las dos manos, más o menos a la altura de la cintura, dejando que los dos extremos, de igual longitud, cuelguen. Separe las manos aproximadamente 45 cm y póngase el cinturón contra el estómago. Rodéese la cintura con él, cruzándolo en la región lumbar y llevando los extremos de nuevo hacia delante.

B Pase el extremo derecho por debajo del cinturón hacia la izquierda (vuelva a cruzar los extremos, izquierdo sobre derecho, sujetándolos con la mano izquierda para que no se muevan).

C Con la mano derecha, pase el extremo derecho del cinturón por el hueco que ha creado al cruzar los dos extremos y tire de él hacia donde tiene la mano izquierda.

D Anude los extremos en su cintura. Procure que el extremo derecho del cinturón esté en la parte de arriba y ajústelos para que los dos extremos tengan la misma longitud.

> CONSEJO: Una manera rápida de comprobar si se ha atado el cinturón correctamente es mirar el nudo. El extremo abierto del cinturón debe estar a su izquierda. Con práctica y algunos ajustes, será capaz de atarse el cinturón correctamente en un momento.

Cómo cerrar el puño correctamente

Cerrar el puño correctamente es vital para evitar lesiones en mano y muñeca. Practíquelo varias veces, hasta que lo haga sin pensar.

A Doble los dedos hasta que toquen la parte interior de los nudillos. Luego enrolle los dedos con fuerza hacia la palma de la mano y doble el pulgar sobre ellos hacia abajo.

B Los dos nudillos superiores, a saber, el del dedo índice y corazón, son la superficie de pegada o de contacto.

Posición de mano y muñeca en las técnicas con el canto de la mano

El puño abierto es la perfecta alineación de mano y muñeca para ejecutar correctamente un golpe con el canto de la mano.

C Con la palma de la mano hacia abajo y el brazo extendido a un lado, horizontal al suelo, forme un puño. La altura normal de los nudillos sobre la muñeca extendida es la posición correcta del puño, es decir, no cambie la posición del puño moviéndolo arriba o abajo. Con el brazo aún extendido, abra el puño y doble el pulgar hacia la palma. Con la mano izquierda, presione en la parte interior del codo, de modo que los dedos apunten hacia arriba.

Unas cuantas sugerencias

■ Para establecer la superficie de contacto del puño, póngase en posición para hacer flexión aguantándose con los dos nudillos de contacto superiores (*ver* B). Levante las nalgas y aguante la posición 30 segundos antes de levantarse. La parte que sienta en los nudillos indica la zona de pegada del puño.

■ No impacte nunca con el nudillo del dedo anular o meñique, ya que se puede producir lo que se conoce como «fractura de boxeador». Esta dolorosa lesión afecta al hueso de la parte exterior de la mano, que va del nudillo del meñique hasta la muñeca.

■ La técnica de bloqueo correcta se consigue doblando el brazo por el codo, con la mano y el antebrazo perfectamente alineados.

■ Al golpear con el canto de la mano, el brazo tiene que estar extendido y tensado, con la zona carnosa a 0.5 cm de la base del meñique como área de impacto.

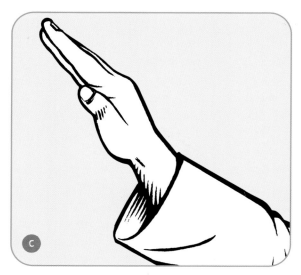

Concentración: vocalice

Gritar no es una buena palabra para describir el Ki yap de las artes marciales, una explosión concentrada de energía vocal. Ni gritar, ni chillar, ni vociferar describen este importante elemento de las artes marciales que constituye la concentración. Tal vez sea más correcto describir el Ki yap como un «ladrido».

Cuando el artista marcial golpea, exhala aliento en un Ki yap explosivo para concentrar su fuerza física en el objetivo. Si se hace correctamente, el Ki yap sonará «YYY-YAAA»; la parte «YYY» del Ki yap coincide con el momento en que se inicia la pegada, el puñetazo o la patada. Al hacerlo, se inhala y se endurece la parte abdominal para protegerse de una respuesta rápida.

Al exhalar, suena el «YAAA» del Ki yap, mientras se concentra toda la fuerza y se centra en la zona objetiva elegida. En una situación de defensa personal, un fuerte Ki yap puede coger al agresor completamente desprevenido y confundirlo momentáneamente, lo que le dará una breve ventaja sobre él y le permitirá escapar.

CUANDO SE USA CORRECTAMENTE, EL KI YAP SIRVE PARA CONCENTRAR LA MENTE Y LA ENERGÍA FÍSICA.

Herramientas del Taekwondo

En su origen, el taekwondo era un arte marcial sin contacto, en el que se conseguía gran habilidad con el control de los golpes de mano y pie. La fuerza se demostraba con ejercicios de rompimiento.

Actualmente, es obligatorio llevar protectores de esponja en manos y pies en las competiciones abiertas, normativa debida en gran medida a las aseguradoras. En Estados Unidos, el miedo creciente a demandas injustificadas (y los consiguientes procesos legales) ha tenido una consecuencia importante en la práctica de las artes marciales, más que en el resto del mundo. Las protecciones son obligatorias en la mayoría de competiciones abiertas de taekwondo y en las sesiones de entrenamiento.

La necesidad de protección

En principio, el objetivo de las protecciones era que los combates de competición fuesen incluso más seguros, pero había un inconveniente: mermaban el control del luchador.

Dado que las protecciones se hicieron obligatorias en los torneos, el no utilizarlas en los gimnasios está sujeto a posibles demandas por negligencia. Sin embargo, en la práctica, se producen más lesiones en los torneos en que las protecciones son obligatorias que en los combates libres controlados (v. pág. 37). Al principio, las protecciones se utilizaban únicamente en competición. Desde que se introdujeron en los *dojangs*, parece que muchos alumnos de taekwondo y kárate han olvidado el concepto de pegada controlada, y la fuerza de sus golpes y patadas es ahora más peligrosa, ya que saben que tienen las esponjas para protegerlos.

Se ha reconocido que si los deportes de contacto siguen teniendo una función recreativa legítima en nuestra sociedad, los que regentan escuelas de entrenamiento han de estar debidamente protegidos. La introducción de renuncias, en que los alumnos de taekwondo (o los padres de los alumnos menores de edad) tienen que firmar un formulario de indemnidad al ma-

tricularse en la escuela, no son nada raros hoy en día. Las exenciones también se han convertido en un prerrequisito para los estudiantes que participan en torneos de taekwondo.

Puesto que el contacto corporal es una parte integral de la práctica del taekwondo, es importante tener en cuenta que comporta ciertos riesgos. Comprende combates controlados, proyecciones, el uso de ciertas armas y técnicas de rompimiento y, aunque las lesiones no son corrientes, pueden ocurrir. Las posibles lesiones son: contusiones, caídas e, incluso huesos rotos. La articulación del codo puede sufrir por sobreextensión del antebrazo (hiperextensión de la articulación) y los tirones musculares son también bastante frecuentes.

Padres y alumnos no deben declinar la responsabilidad de ningún intento deliberado de lesionar. Asimismo, las lesiones por el uso de equipo defectuoso o de aparatos de entrenamiento no seguros serán debidas a la negligencia por parte del gimnasio.

Firme la renuncia una vez que la haya leído, entendido y esté de acuerdo con ella; esto permite a los profesores enseñar las técnicas como siempre se ha hecho. También garantiza que la enseñanza que reciba es auténtica y no una versión descafeinada. Si ha escogido un gimnasio respetable y legítimo, el entrenamiento tendrá lugar en unas instalaciones seguras y bien conservadas.

Posiciones

En las artes marciales, una posición correcta es la base para todo el aprendizaje futuro. Puede que tenga que intentarlo varias veces hasta conseguirlo, pero no se rinda. Como principiante, tendrá que aprender las seis posiciones básicas explicadas en este capítulo, cimientos de todo lo que le enseñarán después.

PATADAS, PUÑETAZOS Y SALTOS: EL ARSENAL DEL TAEKWONDO.

⇨ **Posición de preparado**

La posición de preparado es una postura relajada, aunque requiere una intensa concentración. En clase, utilizará muchas veces esta posición, ya que es una de las más básicas, y muchos ejercicios y combinaciones de técnicas empiezan así. También puede utilizar esta posición cuando se esté preparando para defenderse en los ejercicios de defensa personal en clase.

Para adoptar la posición de preparado, suba los puños hasta la barbilla inhalando profundamente. Mientras llena el abdomen de aire y expande el pecho, mueva el pie izquierdo lateralmente, de modo que los pies queden aproximadamente a la altura de los hombros. Así, la posición estará equilibrada y el peso estará repartido en los dos pies por igual. Al dar el paso lateral, baje los puños por debajo del tórax, a la vez que exhala. Luego extienda los puños hacia delante (por debajo del ombligo) con un movimiento rápido y brusco, de modo que formen medio círculo a la altura de la cintura. Los puños no deben estar demasiado separados.

⇦ **Posición de jinete**

Es una posición básica y sólida, utilizada frecuentemente en las artes marciales. Es muy útil en el entrenamiento, especialmente cuando los alumnos empiezan a aprender técnicas de mano. Sin embargo, no es una buena posición de combate, ya que no permite tanta movilidad. El retraso que causa salir de una posición de jinete profunda puede favorecer la ventaja del oponente y es contraria a la estrategia, las tácticas y las técnicas de penetración.

La posición de jinete comienza con los pies juntos, los dos brazos extendidos delante y los puños con los nudillos hacia arriba. Deslice el pie izquierdo hasta que los pies estén separados aproximadamente el doble de la anchura de los hombros, con los dedos hacia el frente. Al mismo tiempo, recoja los puños en la cintura a la vez que los gira hasta que los nudillos miren al suelo. Los codos deben mirar hacia dentro y los puños descansar contra la base del tórax. Mantenga la espalda recta.

⇨ **Posición de avance**

Es otra posición muy utilizada por los artistas marciales, ya que proporciona una base sólida desde la que extender (dar un paso o avanzar desde una posición particular), o explotar (saltar hacia delante desde una posición concreta y ejecutar una técnica). Al mismo tiempo, el pie de atrás supone una sólida defensa a la hora de parar un ataque.

Dé un paso largo adelante con cualquiera de las piernas a la vez que dobla la rodilla en perpendicular al suelo. El paso adelante es aproximadamente el doble de largo que un paso normal. Compruebe que el pie de atrás está lo más recto posible y plano en el suelo.

La rodilla de la pierna de delante debe estar lo suficientemente doblada para que, al mirar abajo, el pie quede tapado por ella y no sea visible. En la posición final, los pies deben estar a la distancia de los hombros para mantener la estabilidad. La rodilla de atrás ha de estar completamente recta. El peso recae más sobre la pierna de delante, que está doblada.

⇦ **Posición atrás**

Dado que es una posición defensiva por naturaleza, no es usa durante mucho tiempo. Al tener la mayor parte del peso del cuerpo sobre la pierna de atrás, la principal ventaja de esta posición es que le permite moverse firmemente y con decisión en cualquier dirección que escoja después de decidir el próximo movimiento. Igual que en la posición de avance (arriba), esta posición se adopta dando un paso largo hacia delante, pero esta vez la pierna de atrás también ha de estar ligeramente flexionada. La posición es correcta cuando el 75 por 100 del peso del cuerpo recae sobre la pierna de atrás.

⇦ Posición de combate

Es absolutamente necesario aprender esta posición correctamente, ya que una posición de combate incorrecta es una invitación abierta a su oponente.

Para adoptar una posición de combate correcta, mirando adelante, cruce los brazos con los puños a aproximadamente 15 cm de su pecho (si es diestro, deberá cruzar las manos con la muñeca derecha por encima, y al contrario si es zurdo).

Dé un paso hacia atrás (unos 50 cm). Simultáneamente, retire el puño izquierdo hacia atrás, al centro del pecho, mientras avanza la mano derecha unos 30 cm. La mano izquierda quedará cerca del pecho, con los nudillos hacia arriba. Debe estar siempre en el centro del pecho; de otro modo, estará fuera de posición para bloquear y será demasiado lenta para dar un puñetazo efectivo. Mantenga el puño izquierdo cerca del pecho, con el codo de la mano principal (en este caso la derecha) a unos 12-15 cm del cuerpo. En la posición de combate, los pies deben estar separados más o menos la anchura de los hombros, unos 45 cm. Las rodillas flexionadas y el peso del cuerpo centrado.

⇨ Posición de gato

Esta posición especial difiere de otras posiciones más sólidas en que permite ataques frontales con el pie, con varias patadas frontales, sin tener que cambiar y redistribuir el peso adelante y atrás. La mayor ventaja de la posición de gato es que el peso no cambia; cuando un taekwondista tiene que cambiar a una nueva posición, se vuelve vulnerable a un ataque, ya que el peso del cuerpo está descentrado temporalmente.

La posición de gato es en realidad una posición sobre una pierna, que se adopta cargando el 95 por 100 del peso del cuerpo en la pierna de atrás. El pie de atrás ha de estar recto y plano en el suelo, y la pierna de delante, ligeramente flexionada. Únicamente tocará el suelo la punta del pie, lista para dar una patada al oponente.

Errores en la posición de combate

Uno de los errores más comunes de los principiantes es girar los hombros al dar un paso atrás para adoptar la posición de combate. No se gire demasiado intentando disminuir el área objetiva que presenta su cuerpo; mire hacia delante.

⇩ El cuerpo girado, de modo que se encare a su oponente de lado, tiene dos desventajas importantes:

En vez de proteger el cuerpo del ataque, expone el lado vulnerable (adonde están dirigidos la mayoría de ataques). Las patadas circulares, técnica más utilizada en los combates de entrenamiento, pueden hacer contacto fácil y efectivamente. Limita su arsenal de «armas». Desde la posición lateral, ni siquiera puede responder con un puñetazo efectivo sin dar un paso.

Los luchadores experimentados saben que, desde la posición lateral, sólo se pueden ejecutar cuatro patadas con efectividad (entre ellas las patadas laterales e invertidas, para las que generalmente no es necesario ajustar los pies). Sin embargo, todas estas técnicas de pie son difíciles y necesitan mucha práctica.

En la posición correcta, el peso está distribuido de modo que se mantiene el equilibrio y se pueden utilizar técnicas de patada y puño efectivas. Las patadas serán más fuertes y tendrán más oportunidades de alcanzar el objetivo. Su oponente lo sabrá y será consciente del peligro.

⇩ En la posición de combate abierta, se limita el área objetiva del ataque circular y su oponente deberá intentar una patada frontal. Si está combatiendo contra un alumno experimentado, tenga cuidado. Sin embargo, la mayoría de principiantes no saben ejecutar patadas frontales correctamente, y tienden a dar la patada hacia arriba en vez de hacia dentro, lo cual significa que darán, invariablemente, contra un codo que efectúa un bloqueo, y el doloroso resultado basta para que no vuelvan a cometer el mismo error. (Para la manera correcta de ejecutar patadas frontales, v. págs. 62-63).

La razón más importante para utilizar la posición abierta es que le permite usar todas las técnicas que sabe sin tener que dar un paso antes (en cuyo caso el oponente se apartará, ya que el movimiento le pondrá sobre aviso y sabrá qué esperar).

Zona de seguridad

Cuando se encuentre ante un oponente hostil, ya sea un compañero de entrenamiento o alguien que le aborde en la calle, es absolutamente necesario que guarde la zona de seguridad. Los policías utilizan esta táctica en acción.

La zona de seguridad tiene que ser una distancia suficiente de su oponente o oponentes para que pueda reaccionar adecuadamente si es necesario. Como regla general, los que practican artes marciales consideran una buena zona de seguridad que la distancia del oponente sea ligeramente más larga que la distancia a la que puede golpear cómodamente extendiendo la pierna, es decir, un paso y medio, más o menos.

Asegúrese de que está lo suficientemente lejos para que su agresor tenga que avanzar antes de atacar. La distancia de seguridad le permitirá escapar o responder con un contraataque.

A Si comete el error de ignorar o no mantener la zona de seguridad, estará demasiado cerca de su oponente. Ambos estarán al alcance del otro, y el que se mueva primero, o sea más rápido, será el primero en puntuar.

B Mantenga su zona de seguridad invisible y quédese fuera del alcance de los puñetazos y patadas de su oponente. De este modo, la capacidad natural, e incluso la experiencia, queda inutilizada, y los dos luchadores están en condiciones más igualadas. La zona de seguridad (un paso y medio) le permite esquivar, bloquear o contraatacar cuando quiera.

El combate libre como herramienta

El combate libre de entrenamiento es una herramienta de taekwondo muy útil, creada para dar al alumno la oportunidad de experimentar cómo se deben efectuar y bloquear técnicas de manos y pies. Junto con la utilización de manos y pies, en los combates de entrenamiento los alumnos aprenden a guardar la distancia de seguridad del oponente, cómo penetrar (invadir sin peligro la zona de seguridad del contrario) y cómo utilizar con eficacia la estrategia y el tiempo.

El contacto en los combates de entrenamiento suele ser suave y a los alumnos se les enseña a frenar o controlar los golpes para pegar con la fuerza mínima, lleven o no protecciones. Dado que los profesores están cerca y vigilan las sesiones de entrenamiento, se aplican normas estrictas y se restringen las áreas objetivas. Por ejemplo, en un combate controlado, ningún alumno ataca ciertas zonas objetivas vulnerables, como son el cuello, los riñones, la columna, la ingle y la parte posterior de la cabeza. Los puntos clave de muchas peleas en la calle (ataques a ingle, garganta y ojos) están prohibidos en los combates libres, pero se enseñan a los estudiantes avanzados como parte del programa de defensa personal del taekwondo.

La velocidad y la fuerza al aplicar las técnicas se introducen en el programa de entrenamiento del alumno a través de prácticas repetitivas y ejercicios de pegada y patada diseñados a tal efecto. Los alumnos conocen así la fuerza de una técnica de pegada con la mano o con el pie cuando les enseñan técnicas de rompimiento.

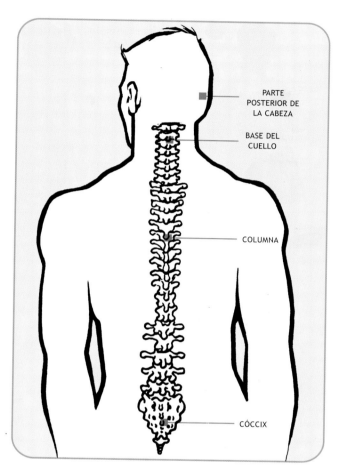

PARTE POSTERIOR DE LA CABEZA

BASE DEL CUELLO

COLUMNA

CÓCCIX

arriba SI SE VE OBLIGADO A DEFENDERSE DE UN AGRESOR, LAS ZONAS DEL CUERPO VULNERABLES, COMO LA PARTE POSTERIOR DE LA CABEZA, LA BASE DEL CUELLO, LA COLUMNA Y LA ZONA LUMBAR, SON ÁREAS OBJETIVAS PARA SUS GOLPES, PUÑETAZOS, PATADAS Y GOLPES CON EL CANTO DE LA MANO.

FUERZA, VELOCIDAD Y AGILIDAD: ELEMENTOS ESENCIALES DEL TAEKWONDO.

PROGRESOS EN LA TÉCNICA

No podemos ir por la vida sólo con un juego de llaves. Empecemos donde empecemos, siempre podemos encontrar un lugar por donde avanzar y cambiar. Lo mismo ocurre en las artes marciales. Pero hay que tener en cuenta que si a un alumno le enseñan un programa que le lleva a conseguir un cinturón negro, y otra persona sigue el mismo programa, el resultado nunca será el mismo. Así funciona el arte.

Combinación de técnicas

La combinación de técnicas es la raíz y la base del aprendizaje de un arte marcial y debe formar parte integral de su rutina de entrenamiento. Muchos artistas marciales, incluso algunos de rango elevado, no conocen o no entienden las combinaciones. Puede que piensen que no las necesitan.

Las combinaciones comienzan con los movimientos más básicos, dirigidos a que el principiante aprenda cómo dar los pasos, girarse, bloquear y moverse. En algunas escuelas, los alumnos deben perfeccionar y practicar unas cuantas decenas de combinaciones antes de obtener el cinturón negro. A medida que progresa, se le muestran nuevas combinaciones. Las combinaciones más avanzadas enseñan a los alumnos cómo utilizar las caderas, cómo girar las patadas y los puñetazos y cómo desviar golpes desde diferentes direcciones. Cuando los alumnos avanzan, puede que les enseñen cómo incorporar técnicas con saltos, utilizar barridos e incluso ejecutar derribos.

Según los maestros tradicionales, se tarda tres años en perfeccionar una combinación. Muchos alumnos nuevos creen que una vez que «se defienden» con una combinación, ya pueden aprender otra. No es así. Los profesores con experiencia saben que se necesitan años para lograr algo de valor. Probablemente, la ventaja más importante de la práctica de las combinaciones de técnicas es que se basa en la repetición, una de las mejores herramientas del taekwondo.

Dado que las diferentes escuelas enseñan distintos grupos de combinaciones, una discusión detallada de ellas en esta guía básica no sería de ayuda. Por esto, sólo hemos recogido un ejemplo básico y típico que los principiantes encontrarán en su entrenamiento.

Ventajas del aprendizaje de técnicas combinadas

Mientras se aprenden las combinaciones, se practican una y otra vez hasta convertirse en una libreta física del estilo que estudia el alumno. La práctica de las combinaciones no sólo revisa los principios aprendidos, sino que ayuda a perfeccionar la técnica y el movimiento. Además, es una manera de estar en forma.

Una vez que los estudiantes dominan una combinación concreta, pueden practicar los movimientos por separado donde y cuando quieran.

La práctica de las combinaciones permite a los estudiantes ejecutar técnicas de patada, bloqueo y puñetazo potentes. También concentra la mente excluyendo todo lo demás. Al centrarse exclusivamente en una combinación, los alumnos tienden a calmarse. Esta calma, junto con la habilidad de concentrarse, es una herramienta vital para la defensa personal.

En las artes marciales siempre hay un punto de partida. Las técnicas que siguen son los ladrillos básicos del taekwondo. Combinaciones, puñetazos, patadas y bloqueos se repiten; la idea es que las reacciones de los alumnos se hagan instintivas y automáticas. Ningún alumno debería tener que parar y pensar cuál va a ser el próximo movimiento. Sin embargo, dado que los golpes y bloqueos se han de practicar en el sitio o dando algún paso, primero hay que aprender cómo dar ese paso.

página siguiente LOS ALUMNOS AVANZADOS QUE DOMINAN LOS PRINCIPIOS BÁSICOS DEL TAEKWONDO APRENDEN MOVIMIENTOS CON SALTOS.

Pasos

Es importante aprender el sistema de pasos tradicional. Algunas de las artes marciales más modernas que se enseñan actualmente tienen técnicas de pasos ligeramente distintas, pero les falta la base sólida del sistema de pasos tradicional. Algunos profesores que tienen una metodología diferente a la tradicional, enseñan un tipo de sistema de pasos en el que simplemente se avanza como se haría caminando normal. Un paso mal dado puede hacerle perder impulso.

A Comience con la posición de avance. La pierna derecha (atrás) estirada, y la rodilla de la izquierda (delante) doblada.

B Mueva la pierna derecha hacia delante, en dirección a la rodilla de la pierna izquierda. En este punto, las rodillas deben estar flexionadas y ligeramente separadas, no juntas. Continúe el movimiento hacia delante con la pierna que estaba atrás.

C Al ejecutar el movimiento hacia delante con la pierna derecha, notará que el peso pasa completamente a la rodilla izquierda, inmóvil. A medida que el cuerpo avanza, la rodilla fija ayudará a propulsarle, mandando el peso y el impulso hacia delante junto con el cuerpo, lo que le da más fuerza.

Consejos útiles: Lo que era la pierna de delante (izquierda) es ahora la pierna de atrás y está «inmovilizada». La rodilla trasera se acaba de fijar con un giro de cadera (obligatorio). Cuando imprima velocidad a este sencillo principio de empuje-impulso-giro, alcanzará la máxima fuerza. Si da un puñetazo a la vez que se mueve, creará un golpe potente. No doble la pierna de atrás, debe estar recta y fija. Al completar cada posición, los pies deben quedar a una distancia equivalente a la de los hombros.

Técnicas de mano

Práctica de los movimientos

Cuando el principiante ya sabe las técnicas básicas que se explican en este capítulo, se suelen practicar ejecutando cada movimiento en rápidas sucesiones en grpos de tres, con un Ki yap simultáneo en el último golpe. Esos ejercicios prácticos se hacen normalmente desde la posición de jinete.

Por ejemplo: En el puñetazo al medio, cuando el primer puño ha hecho contacto, vuelve a su posición original en el cinturón. Al mismo tiempo, el otro puño avanza en el siguiente número, utilizando exactamente la misma técnica de puño. Cuando éste alcanza su área objetiva, vuelve inmediata y rápidamente a su posición en el cinturón, mientras el otro puño avanza en el siguiente número con la misma técnica. Cuando el último puño (el tercero) alcanza la zona de impacto, el luchador suelta un Ki yap. Este ejercicio se puede y se debería practicar con todas las técnicas de mano que se explican en este capítulo.

⇧ Puñetazo al medio

A Desde la posición de jinete, coloque los dos puños, con los pulgares hacia arriba, en la cintura, justo por encima del cinturón. Lance el puño derecho hacia delante, a la altura del plexo solar, hacia el centro del cuerpo (en otras palabras, el puño no va directamente hacia delante desde el hombro, sino que va dirigido hacia el oponente en un ángulo hacia adentro).

B Cuando el brazo alcance un 95 por 100 de extensión, dé la vuelta al puño, de modo que los nudillos miren hacia arriba (al adelantar un paso con el puñetazo al medio, la mano que golpea vuelve inmediatamente a su posición en el cinturón, mientras el otro puño golpea).

C El puñetazo que va a continuación (con la otra mano) se lanza con mucha más fuerza que el primero, debido al principio de la física de fuerza «igual y contraria» relacionado. El puñetazo siguiente se ejecuta recogiendo rápidamente la mano que acaba de pegar a la vez que se golpea con el otro puño. Una vez que ha lanzado un puñetazo, la mano vuelve inmediatamente al cinturón, a la altura de la cadera.

⇩ Puñetazo doble

A La técnica es exactamente igual que la del puñetazo simple, pero en vez de ejecutar los puñetazos una vez con cada puño, los dos puños se lanzan simultáneamente.

B Gire los dos puños hacia abajo en el último momento.

✳ El puñetazo doble completo que se muestra en esta figura tiene un cambio rápido añadido. Justo antes del impacto, se rotan las dos muñecas de modo que los dedos miren hacia abajo, y el impacto se produce con los dos nudillos superiores (v. pág. 28). En este caso, el puño izquierdo busca el mentón del contrario, mientras que el derecho tiene como objetivo el plexo solar.

⇦ Puñetazo arriba

A El puñetazo arriba se ejecuta de la misma manera que el medio. La única diferencia entre los dos es que la zona objetiva imaginaria es la cabeza del contrario. El puñetazo arriba se usa para dar un golpe limpio en la cabeza del oponente, a la vez que evita que le bloquee o le agarre con las manos y los brazos.

✳ En el puñetazo arriba completo que vemos aquí, el puño se dirige hacia arriba, en un ángulo dirigido a la cabeza del oponente.

⇩ Mano extendida

La mano extendida usa exactamente la misma técnica e impulso que el puñetazo medio, con la excepción de que ahora, en vez de en un puño, todos los dedos están totalmente extendidos, preparados para golpear, y el pulgar está recogido junto a la palma.

A En la técnica de mano extendida que se muestra aquí, véase que el dedo de arriba está recto (como debe estar siempre al utilizar esta técnica) y el segundo y tercero ligeramente hacia atrás para que queden alineados con el anterior. De este modo se evitan lesiones en los delicados huesos de los dedos, asegurando que los tres dedos absorben el impacto simultáneamente.

✲ Aquí, la mano extendida se dirige a la garganta del oponente, una zona muy vulnerable.

> CONSEJO: Alinee las puntas de los dedos de modo que golpeen simultáneamente en el momento del impacto y lo absorban conjuntamente, en vez de por separado.

LA MANO EXTENDIDA ES UN ARMA EFECTIVA EN DEFENSA Y EN ATAQUE

⇨ **Doble mano extendida**

La técnica de doble mano extendida se ejecuta exactamente como la del puñetazo doble, excepto, claro está, en que se usan las manos extendidas en vez de los puños. Es un movimiento de contraataque útil, que puede romper el ataque del oponente rápida y fácilmente, dando un golpe fuerte en el diafragma.

A Extienda los dedos cuando tenga las manos aún cerca del cuerpo. En la doble mano extendida, las dos manos se usan como «estoque».

B Lance las manos hacia delante con un movimiento fuerte y rápido.

⇦ **Golpe con mano cuchillo hacia delante**

Este golpe se ejecuta con la mano abierta en modo cuchillo. Es un golpe potente y devastador, que concentra la fuerza del impacto en una zona relativamente pequeña de la mano que golpea, incrementando así la potencia. Un solo golpe con el canto de la mano es capaz de romper la clavícula, y uno en la zona cervical puede ser mortal.

A Para ejecutar un golpe con el canto de la mano derecha, llévela detrás de la oreja derecha.

B Retracte la mano izquierda hacia el costado mientras la mano cuchillo derecha hace un semicírculo simultáneamente hasta impactar en la zona de la sien del oponente.

⇩ Talón de la mano

En este golpe, se dirige la mano plana hacia el mentón del oponente, con los dedos abiertos pero curvados hacia delante, de modo que impacten con los ojos del oponente al mismo tiempo. Aunque dirigido principalmente a la barbilla del contrario, el impacto lo hace un arma formidable contra cualquier punto de la zona facial, pecho o plexo solar.

A El poderoso golpe va dirigido al mentón, con la palma de la mano como superficie de pegada.

✳ Golpe con el talón de la mano izquierda, la derecha bloquea.

⇨ Puño de nudillos

En esta técnica, el puño está sólo medio cerrado y las puntas de los dedos descansan en la base de los mismos. Los dedos no se enrollan para formar el puño cerrado. La técnica de puño de nudillos reduce el tamaño del área de impacto, concentrando toda la fuerza de la pegada en una zona mucho más pequeña, que tiene el potencial de causar mucho más daño cuando se dirige a debajo de la nariz, al plexo solar o a la garganta.

■ El pulgar se pliega por debajo del puño, en la base de los dedos doblados. Extienda el segundo nudillo del índice y el corazón y golpee con estos segundos nudillos (es decir, lanzando la mano en el movimiento de pegada), así, los nudillos elevados serán la superficie de pegada.

■ Cuando se extiende la segunda fila de nudillos, el nudillo del dedo corazón sobresale ligeramente. Éste dará el impacto inicial. Descanse el pulgar por debajo de las puntas de los dedos índice y corazón para apoyar los nudillos elevados y evitar lesiones.

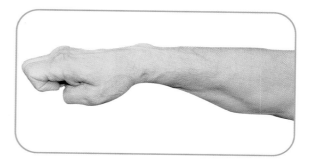

⇦ **Punzada en los ojos**

Este movimiento es una técnica muy básica, pero muy efectiva. También es un arma de defensa personal inestimable, ya que causa un intenso dolor y una ceguera momentánea.

A La punzada en los ojos se ejecuta con el puño cerrado, excepto los dos primeros dedos, el índice y el corazón, que se dejan extendidos.

✳ La punzada se ejecuta con los dos primeros dedos, como se ve en el movimiento completo. El golpe en el ojo inhabilitará a su oponente y puede causar una ceguera temporal.

⇩ **Golpe lateral con el canto de la mano**

Para ejecutar un golpe con el canto de la mano lateral efectivo, la mano debe estar en posición cuchillo, pero con la palma hacia abajo.

A Los brazos se cruzan por delante. El brazo y la mano de arriba sirven como arma.

B El brazo de abajo vuelve al costado a la vez que la mano que ataca golpea en un arco plano.

✳ A la vez que lleva el brazo que ataca hacia la zona objetiva y golpea al contrario con un poderoso arco plano, el otro brazo se retrae al costado del cuerpo con un movimiento seco y la mano cerrada en un puño. Esto le da a la técnica del golpe con el canto una fuerza equilibrante «igual y contraria» que dará como resultado un aumento de la fuerza de pegada.

⇩ Dorso del puño

El golpe con el dorso del puño sigue exactamente el mismo principio que el golpe con el canto de la mano lateral, excepto que en este caso, en vez de la posición de mano cuchillo, se forma un puño fuerte con el meñique hacia abajo y el índice hacia arriba.

A Los brazos se cruzan para una acción de pegada «igual y contraria». Fíjese en la posición vertical del puño, así los nudillos harán contacto primero.

B Con un golpe rápido y seco pegará con la parte de arriba de los nudillos, no con la frontal.

✲ Un golpe con el dorso del puño en la sien o por debajo de la oreja desorientará a su oponente. Dirigido a la cara, puede ser un golpe rompedor.

ADVERTENCIA: Al practicar técnicas de puño, nunca extienda el brazo del todo. El puñetazo debe detenerse a 25 mm de la extensión máxima. Pegar con el brazo totalmente extendido puede causar hiperextensión y una lesión en el codo.

⇧ **Puño martillo**

El golpe se ejecuta normalmente de lado en un movimiento rápido y fuerte hacia delante. Al igual que en el anterior, el puño que no golpea vuelve al cinturón, a la altura de la cadera. Al mismo tiempo, el otro brazo se eleva a una posición perpendicular al suelo y continúa con un fuerte golpe por el exterior.

Un golpe con el puño martillo en la nariz terminará eficazmente un combate, mientras que un golpe dirigido al hombro del oponente puede fracturarle la clavícula e inhabilitarle.

A Para efectuar la técnica del puño martillo, cruce los brazos por delante del cuerpo para una acción de pegada de fuerza «igual y contraria». El brazo que golpea (izquierdo) se pasa por encima. Los dos puños cerrados.
B Mire su objetivo y prepárese para golpear a su oponente en la cabeza o en el tronco. Levante la mano izquierda por delante, un poco más arriba de la cabeza.
C A la vez que pega con la izquierda, la otra mano, en este caso la derecha, se retrae a su posición, a la altura de la cintura. El golpe se da con la parte inferior (martillo) del puño.

⇩ Puñetazo lateral

El puñetazo lateral comienza con el luchador en la posición de preparado y termina en posición de jinete.

A Puede ejecutar el puñetazo lateral desde la posición de preparado, con los puños mirando hacia arriba.

B Dé un paso a la derecha, hacia su objetivo. El puño que golpea (en este caso el derecho) permanece quieto en su posición, por encima de la cadera, pero avanzado unos 5 cm. El otro puño (izquierdo) se cruza por delante del cuerpo, pasando el puño que golpea, con la palma hacia a bajo. Mire a su objetivo a la vez que gira la parte superior del cuerpo 90° (aquí hacia la derecha) con un movimiento suave y continuo.

C Mantenga los pies firmes en su lugar mientras pivota hacia una posición de jinete. Lance el puño derecho recto hacia el lado, girando la palma de la mano hacia abajo justo antes del impacto. Al mismo tiempo, retraiga el otro puño a su posición correcta, a la altura de la cadera del otro costado. Una vez dado el puñetazo, ponga el tronco recto.

CONSEJO: Pivote y pegue a la vez, de modo que el peso del cuerpo vaya hacia el golpe, no hacia el suelo.

Técnicas de bloqueo básicas

Las técnicas de bloqueo con las manos se practican normalmente dando un paso adelante. Las combinaciones, en cambio, se ejecutan moviéndose adelante y atrás, con un bloqueo diferente en cada paso. Cabe destacar que las técnicas de mano también se suelen practicar usando una diferente con cada paso.

⇩ Bloqueo abajo

El bloqueo abajo se realiza con la parte exterior baja del brazo de bloqueo (aquí en una posición de jinete).

A Este movimiento se ejecuta pasando el puño (en este caso el derecho) por delante del cuerpo, levantándolo hacia el hombro contrario (izquierdo) a la vez que se sitúa el puño izquierdo para proteger la zona de la ingle.

B Lance el brazo derecho de bloqueo desde el hombro, en diagonal al cuerpo, hacia la parte exterior de la rodilla derecha. Debería terminar aproximadamente la medida de un puño por encima de la rodilla.

C El puño derecho ha completado el bloqueo abajo con la derecha y el izquierdo se ha retraído a la posición de la cadera al mismo tiempo.

✳ Aquí, el luchador (derecha) usa un bloqueo bajo a la derecha para así desviar una patada frontal izquierda que se dirigía directamente a la zona del estómago.

⇧ Bloqueo arriba

Una manera sencilla de entender el concepto del bloqueo arriba es imaginar que el puño que bloquea tiene agarrado un cuchillo y se mueve hacia arriba como si intentara pinchar un globo que cuelga por encima de su cabeza.

A Comience en la posición de preparado, con los brazos recogidos a los costados y los puños cerrados, con los nudillos hacia el suelo.

B Cruce los brazos por delante del cuerpo para prepararse (el puño del brazo de bloqueo debe quedar cerca de la axila del otro brazo, con los nudillos mirando hacia fuera).

C A la vez que echa el brazo que no bloquea hacia atrás hasta que el puño quede sobre el cinturón, mueva el brazo de bloqueo hacia arriba y hacia fuera, girando el puño a la vez que el brazo se eleva. El brazo se detiene por encima de la cabeza, con el codo doblado para desviar el golpe del oponente. El brazo que bloquea ejecuta un movimiento fuerte, de pegada, no sólo una mera elevación suave.

✳ Utilizará el bloqueo arriba bastante a menudo, ya que intercepta la mayoría de golpes dirigidos a la cara.

⇧ Bloqueo exterior

El objetivo de un bloqueo exterior es interceptar los golpes dirigidos al tronco, de modo que el bloqueo debe ser rápido, fuerte y decidido para interceptar y desviar el ataque.

A Ejecute este bloqueo cruzando primero los brazos por delante del cuerpo, los puños cerrados, con el brazo de bloqueo (en este caso el derecho) abajo.

B Retraiga el brazo de arriba, que no bloquea, al costado hasta que el puño esté a la altura del cinturón. Al mismo tiempo, lleve el brazo de bloqueo hacia el exterior, con el codo doblado 90º.

C En la posición final, el puño queda por fuera del hombro.

✻ El bloqueo exterior sirve para interceptar y desviar puñetazos dirigidos al tronco, como se ve en este movimiento. También puede ejecutar esta técnica de bloqueo mientras avanza o retrocede.

⇩ **Bloqueo interior**

El bloqueo interior es un movimiento de interceptación que desvía el puñetazo o la patada de un oponente. También se le puede llamar bloqueo de desvío.

A Para ejecutar este bloqueo, colóquese en la posición inicial, con los puños contra los costados.

B Cruce el brazo que no bloquea por delante del cuerpo, paralelo al suelo. Al mismo tiempo, lleve el puño del brazo de bloqueo (izquierdo) hacia su oreja.

C Eche el brazo que no bloquea rápidamente hacia atrás, hasta que el puño quede en el cinturón. Al mismo tiempo, lance el puño de bloqueo hacia delante con un movimiento circular. Mantenga el brazo flexionado para que el puño golpee, con la palma hacia arriba, a la altura del hombro, en la parte exterior del hombro contrario.

✳ En el momento del impacto, gire rápidamente el puño de modo que la palma quede hacia arriba y échelo ligeramente hacia atrás. Fíjese que el bloqueo se hace con la parte interior del antebrazo.

⇩ Bloqueo reforzado

El bloqueo reforzado sigue exactamente el mismo método y la misma técnica que el bloqueo exterior, con la excepción de que, en esta ocasión, el puño que no bloquea no se retrae para descansar en la posición normal, en la cintura, sino que acompaña al brazo que bloquea y lo refuerza en el momento del impacto, sosteniéndolo a la altura del codo, aproximadamente.

A Adopte la posición inicial.

B Pase la mano derecha al exterior del lado contrario para ejecutar un bloqueo exterior y sígala con el puño izquierdo, presionando con él el brazo de bloqueo para proporcionarle una sujeción adicional.

C Con esta posición defensiva reforzada está listo para bloquear una patada.

✻ Un bloqueo fuerte, reforzado (como se ve en este movimiento completo) puede usarse para detener y desviar eficazmente una patada del oponente.

⇧ Bloqueo doble con el canto de la mano

El bloqueo doble con el canto de la mano es una técnica de bloqueo muy rápida y versátil que se puede efectuar con éxito desde muchas posiciones. Una mano bloquea el puñetazo de un atacante, mientras que la otra se atrasa hacia el centro del pecho, preparada para lanzar un contraataque o un bloqueo, según lo exija la situación.

A Las dos manos deben estar en la posición abierta de mano cuchillo. En este caso, la mano derecha está delante, lista para bloquear el ataque del oponente, mientras que la izquierda se mantiene con la palma hacia arriba, en una posición de guardia, apoyada en el pecho.

B Lleve las dos manos hacia arriba, por detrás del hombro izquierdo. La mano derecha se detiene a la altura de la oreja, con la palma mirando hacia su cara. Estire la mano de atrás un poco más, con la palma mirando hacia fuera. Esta es la posición de inicio.

C A continuación, mueva el brazo derecho hacia fuera (como lo haría en un bloqueo exterior) con la mano aún en la posición cuchillo. Gire la mano a la vez que se mueve, de modo que el canto de la misma se convierta en la superficie de pegada. El brazo ha de estar doblado por el codo, como en el bloqueo exterior. Recuerde recoger el pulgar para evitar lesiones. También sirve para estirar la superficie de pegada de la mano. A la vez que pega con la

mano de delante, avance el brazo izquierdo hasta que la mano cuchillo quede en el pecho. El bloqueo con la derecha desvía un puñetazo, mientras la mano cuchillo del pecho, como se ve en la secuencia anterior, está preparada para dar el próximo golpe o hacer otro bloqueo.

✳ En esta secuencia completa, el puñetazo al medio con la derecha del oponente es eficazmente desviado con un bloqueo con el canto de la mano con la izquierda. En esta imagen, la mano cuchillo derecha se ve un poco avanzada delante del pecho, lista para el próximo ataque.

Combinación de técnicas (*Hyung* o *Pumse*)

Hyung o *Pumse* son términos que designan las combinaciones de técnicas. Cada una tiene movimientos ofensivos y defensivos, y emplea una serie combinada de pasos, puñetazos, bloqueos, patadas y golpes coordinados. La Federación Mundial de Taekwondo estandarizó unas combinaciones llamadas *Taeguk Pumse*. El siguiente ejemplo es el **Taeguek Uno (*Il jang*) *Hyung***.

1-3. Haga una reverencia en la posición firme; ponga las manos delante del abdomen; levántelas delante del pecho y bájelas por debajo de la altura del cinturón; los puños deben estar a la distancia de un puño del cuerpo.

4. Mire y mueva el pie izquierdo 90° a la izquierda; levante el brazo izquierdo para efectuar un bloqueo abajo; la mano derecha protege la zona de la ingle.

5. Posición de avance a la izquierda; bloqueo inferior con la izquierda.

6. Adelante la pierna derecha en la posición de avance; ejecute un puñetazo al medio con la derecha.

7. Mire hacia atrás.

8. Deslice el pie derecho hacia atrás en diagonal (la posición final estará a 180° de la 5); coloque los brazos para un bloqueo abajo con la derecha.

9. Vuelta completa; bloqueo bajo con el brazo derecho.

10. Paso hacia la posición de avance a la izquierda; ejecute un puñetazo frontal al medio con la izquierda.

11. Mire hacia la izquierda (al frente).

12. Inicie un bloqueo con la mano izquierda a la vez que gira al mismo lado, pivotando en la punta del pie derecho.

13. Deslice el pie izquierdo a la posición extendida de avance ejecutando un bloqueo abajo con la izquierda.

14. Dé un puñetazo inverso al medio con la derecha.

15. Mueva el pie derecho y colóquelo en la posición de avance a la derecha pivotando sobre la punta del pie izquierdo; ejecute un bloqueo interior inverso al medio.

16. Adelante el pie izquierdo y adopte la posición de avance a la izquierda; puñetazo frontal inverso al medio con la derecha.

17. Mire hacia atrás.

18. Deslice el pie izquierdo hacia atrás en diagonal (la posición final estará a 180° de la 15); coloque los brazos listos para el bloqueo medio.

19. Gire hacia la izquierda pivotando sobre la punta del pie derecho; mueva el pie izquierdo y colóquese en la posición de avance a la izquierda; ejecute un bloqueo interior invertido al medio con la derecha.

20. Dé un paso adelante con el pie derecho y colóquese en la posición de avance a la derecha; puñetazo frontal invertido al medio con la izquierda.

21. Pivote sobre la punta del pie izquierdo para girar hacia la derecha y dé un paso adelante con el pie derecho para adoptar la posición de avance a la derecha; ejecute un bloqueo abajo con la derecha.

22. Ejecute un puñetazo frontal invertido al medio con la izquierda.

23. Dé un pequeño paso adelante y a la izquierda con el pie izquierdo, pivotando sobre la punta del derecho, para colocarse en la posición de avance a la derecha; al tiempo que ejecuta un bloqueo de cabeza con la izquierda.

24. Ejecute una patada frontal con la derecha.

25. Adopte la posición de avance a la derecha apoyando el pie derecho; puñetazo frontal al medio con la derecha.

26. Mire hacia atrás.

27. Deslice el pie derecho hacia atrás en diagonal (la posición final estará a 180° de la 25) y coloque los brazos listos para un bloqueo arriba.

28. Pivote sobre la punta del pie izquierdo para adoptar la posición de avance a la derecha; gire el cuerpo al completar el movimiento y ejecute un bloqueo de cabeza con la derecha.

29. Ejecute una patada frontal con la izquierda.

30. Apoye el pie izquierdo y adopte la posición de avance a la izquierda; ejecute un puñetazo frontal al medio con la izquierda.

31. Mire a la derecha.

32. Adopte la posición de avance a la izquierda (pivote sobre la punta del derecho, avance el izquierdo); bloqueo abajo con la izquierda (ver 13).

33. Avance el pie derecho y colóquese en la posición de avance a la derecha; Ki yap y puñetazo frontal al medio con la derecha (ver 25).

34. Mire hacia atrás (al frente).

35. Pivote sobre la punta del pie derecho, girando en el sentido contrario a las agujas del reloj, hasta quedar en la dirección de inicio.

36. Junte el pie izquierdo con el derecho, adoptando la posición de firme y haga una reverencia para terminar.

Observaciones sobre el Pumse

Los dos aspectos principales de la combinación de movimientos son la actitud mental y física. La primera se refiere a cómo ejecuta la técnica el alumno (dureza, fuerza, velocidad y equilibrio), y el otro aspecto tiene que ver con su estado mental. Ambos deben estar en perfecto equilibrio para lograr los máximos beneficios.

PATADAS Y ROMPIMIENTOS

El taekwondo es un arte basado principalmente en la patada. Exentos de las normas que rigen las artes marciales tradicionales, los coreanos han tenido la libertad de revisar, refinar y mejorar repetidamente varios movimientos de pie hasta obtener técnicas potentes y de gran efectividad.

Técnicas de patadas básicas

Antes de que los principiantes puedan realizar todos los movimientos de penetración con saltos o en vuelo que los alumnos avanzados de taekwondo practican, deben aprender las patadas básicas. Estas patadas no son como las que se ejecutan en el kárate, hay algunas ligeras variaciones que hacen que las versiones coreanas se adapten mejor a técnicas avanzadas.

Las patadas que se muestran en este capítulo son los cimientos del taekwondo. Es necesario que el alumno las practique hasta que domine la velocidad, la pegada y la dirección de cada una de las patadas, y esté acostumbrado a las posiciones y a la colocación correcta de los pies. Cada situación requiere diferentes técnicas de patada, como rapidez y fuerza del impacto, impulso y velocidad.

Con las patadas básicas, el alumno aprende primero técnicas «en el sitio» que cubren la parte delantera, la trasera y los lados del cuerpo. No sólo aprenderá cómo utilizar el pie de delante o de atrás en diferentes patadas básicas, sino que también le mostrarán cómo colocar correctamente los pies y lanzar la patada, así como las posiciones y los cambios de peso necesarios. Y más importante, el estudiante aprenderá a utilizar las rodillas y la cadera para dar patadas rápidas, precisas y efectivas.

Una vez adquiridos los conocimientos básicos, las técnicas se arraigan por medio de ejercicios constantes, hasta que se vuelvan naturales y se ejecuten con facilidad. Sólo entonces el profesor puede avanzar y enseñarle al estudiante cómo aplicar las técnicas mientras se mueve hacia delante, hacia atrás o hacia los lados, cómo ejecutar las patadas mientras salta en

cualquier dirección y, finalmente, cómo dar patadas en vuelo. Una vez que los alumnos conocen estas técnicas, deben aprender a aplicarlas en situaciones de combate con las que se enfrentarán. En otras palabras, los alumnos aprenderán para qué está diseñada cada patada y cuándo utilizarla exactamente.

Hay muchos aparatos y ejercicios que complementan la enseñanza de estas técnicas: sacos de arena (colgantes o de pie), paletas de mano, paos y saltos de obstáculos.

Dominio de lo básico

Antes de que un principiante pueda aprender movimientos avanzados, debe aprender y practicar los más básicos. Sin el giro de cadera o de pie adecuados, o sin una correcta posición de los pies, cualquier técnica de patada será inútil.

Por ejemplo, sin una elevación de rodilla bien ejecutada, la patada frontal será ineficaz y el oponente la bloqueará con facilidad; a menos que una patada lateral se lance desde la posición inicial correcta, se puede desviar, y una patada circular ejecutada incorrectamente deja al que la lanza peligrosamente desequilibrado, vulnerable ante un contraataque de su oponente.

Para ser un buen «pateador» y un campeón de taekwondo, ya sea formal o en una competición, es necesario que aprenda las patadas básicas que su profesor le asigne y que las practique repetidamente.

Recuerde que Roma no se hizo en un día. No se desanime si esta parte del entrenamiento requiere mucha mejora. Siga practicando y después de un tiempo se preguntará por qué se preocupaba. Evidentemente, su profesor deberá tener una base sólida en las artes marciales coreanas. Sólo si conoce los mecanismos correctos puede hacer de sus alumnos magníficos oponentes en patadas.

página siguiente EN ESTA FOTO TOMADA EN UN TORNEO, LA PATADA DEL ROJO CHOCA CON UNA PATADA CON GIRO Y SALTO LANZADA POR SU OPONENTE.

⇩ Patada frontal hacia arriba

Se puede decir que la patada frontal hacia arriba es una de las técnicas básicas del taekwondo. Aunque se usa a menudo, los luchadores inexpertos apenas la utilizan, ya que hay que pasar por un doloroso periodo de prueba y error para aprender el modo correcto de proyectarla.

Aunque normalmente es la primera técnica de patada que aprende un alumno, la patada frontal hacia arriba suele ser descartada casi inmediatamente, ya que puede resultar muy dolorosa para el que la da si no se lanza correctamente. Persevere: es un arma imparable cuando se usa adecuadamente.

El problema más común para los luchadores inexpertos es dar la patada hacia el exterior, no al interior. Esto hace que el empeine del que da la patada impacte con el codo del oponente. El dolor suele ser lo bastante intenso como para disuadir al atacante de aplicar la técnica. La elevación de la rodilla es la clave para que la patada frontal sea efectiva e indolora.

A Adopte la posición de gato cargando el peso en la pierna de atrás y liberando la que da la patada.

B Levante la pierna izquierda y lleve la rodilla por encima de la altura del cinturón. Lance rápidamente la patada hacia el interior, como un puñetazo, para pasarla por debajo de la guardia de su oponente y recta, hacia el tronco desprotegido.

C Proyecte la parte inferior de la pierna hacia arriba.

✳ Recuerde dar la patada hacia delante y echar los dedos del pie hacia atrás, de modo que haga contacto con el pulpejo del pie, para dar un golpe potente y seco justo en el objetivo.

⇧ Patada frontal hacia delante

La patada frontal con acometida se prepara igual que la patada frontal hacia arriba, elevando la rodilla. Sin embargo, cuando la rodilla está bien elevada, en vez de lanzar la patada desde la rodilla que golpea al objetivo como un puñetazo, el pie que da la patada se clava como una lanza. Esta patada adquiere su fuerza del impulso de las caderas. Al echar el cuerpo ligeramente hacia atrás, el pulpejo del pie avanza como una lanza, en vez de como un potente puñetazo.

A La patada frontal hacia delante se da con la pierna de atrás.

B Eleve la rodilla (aquí la derecha) por encima del cinturón para que la patada penetre por debajo de la guardia de su oponente.

C Inclínese un poco hacia atrás y utilice el impulso de la cadera para proyectar el pie hacia delante como una lanza.

✳ El impacto de una patada frontal hacia delante dejará a su oponente sin respiración y puede dañarle la caja torácica.

⇧ Patada circular con pierna de atrás

Esta patada tiene diferentes nombres, pero es conocida normalmente como «circular» por el medio círculo hacia arriba que describe el pie al dar la patada. La patada circular con pierna de atrás es como una ráfaga de cañón curva: pega fuerte y es muy difícil de evitar, aunque la vea venir.

A Comience elevando la pierna de atrás (en este caso la derecha). Dirija el talón del pie que da la patada hacia su espalda, como si se fuera a dar en las nalgas.

B Luego, pivote hacia su oponente, con el hombro y la rodilla derechos apuntando a la zona objetiva.

C Suelte la articulación de la rodilla para estirar la pierna elevada y golpear el objetivo. Este movimiento debe ejecutarse de manera suave y continuada.

✳ Se pueden utilizar dos posiciones de pies diferentes para lanzar el impacto de una patada circular. Si se usa el pulpejo del pie como superficie de pegada principal, produce un golpe muy parecido al

puñetazo; si se usa la parte interior del pie, el resultado es un golpe duro, como de garrote. Si fuera usted quien los recibiera, notaría claramente la diferencia entre los dos.

⇩ Patada circular con pierna de delante

La patada circular con la pierna de delante seguramente no es tan potente como su homóloga con la pierna de atrás, pero es sorpresiva y muy rápida, ya que tiene que recorrer una distancia muy corta hasta llegar al punto de impacto.

A Ladee la cadera y lleve todo el peso hacia la pierna de atrás. Esto le permitirá ejecutar la patada circular con la pierna de delante, aunque esté muy cerca de su oponente.

B La patada circular con pierna de delante también se realiza mejor si eleva ligeramente la rodilla de la pierna de delante, como si adoptara la posición de la patada frontal. Ladee entonces la cadera y lance el pie hacia delante en un movimiento circular, casi horizontal, hacia el objetivo.

C El pie impacta o bien con el interior o con el pulpejo, como si estuviera proyectando una patada circular con la pierna de atrás.

✳ A una distancia de combate adecuada, es decir, si se observa la zona de seguridad (*v.* pág. 36), la técnica se usa más como un golpe de boxeo y es muy efectiva cuando el objetivo está cerca.

Al rotar la cadera de la pierna que da la patada de modo que quede ladeada hacia arriba, baja el lado contrario. Si está cerca de su oponente, no podrá ejecutar la patada con éxito, a menos que ladee la cadera y proyecte la patada hacia arriba. Es más difícil lanzar una patada circular cuando se está demasiado cerca del oponente, ya que se debe apuntar hacia arriba para poder alcanzarle, pero se puede hacer.

⇧ Patada «exterior-interior»

Existen dos métodos básicos diferentes para esta técnica, también llamada «patada creciente interior». En ambas, el pie que golpea se balancea hacia el exterior y hacia arriba para esquivar el codo y el hombro del oponente.

A Esta técnica no es útil si está demasiado cerca de su oponente y está impedido por la proximidad del objetivo. Doble ligeramente la rodilla de la pierna de apoyo (izquierda) a la vez que levanta el pie derecho para marcar la primera parte de la patada.

B y **C** El pie rodea y supera el codo y el hombro para golpear la cabeza del oponente.

⁎ Impacte en la zona de la cabeza con la parte interior del pie o con la planta; las dos son buenas superficies de pegada. Cuando el pie se acerque al objetivo, finalice la patada lanzando el pie para completar el movimiento.

⇩ Patada «interior-exterior»

La patada interior-exterior, o creciente exterior, se hace con la pierna de atrás. Es igual que la interior, pero con el otro lado.

A En esta técnica, el arma es el canto exterior del pie, que es la zona de pegada. Se empieza con el pie ligeramente a la izquierda.

B y **C** A continuación, el pie va primero hacia la izquierda y luego se levanta rápidamente, antes de volver a la derecha para golpear el objetivo. La patada interior-exterior es muy efectiva cuando el oponente está cerca.

✻ En esta patada exterior completa, se ha acercado a su oponente y éste le está bloqueando la parte frontal con su cuerpo, colocado más hacia un lado del suyo. La ventaja de este movimiento es que aún puede usar el canto exterior del pie para lanzar una patada al objetivo.

⇩ Patada lateral

La patada lateral es una técnica esencial en el taekwondo y debería formar parte del arsenal de todo alumno. No es sólo una gran arma ofensiva, sino que también es una defensa inestimable. Desgraciadamente, y aunque parece muy sencilla, probablemente es la técnica más maltratada y peor realizada de todas.

Existen numerosas clases de patadas laterales, que se usan en diferentes situaciones. Al aprender lo más básico, el alumno de taekwondo conoce la patada lateral con pierna de delante y la patada lateral con pierna de atrás. La diferencia más obvia es que la versión con la pierna de delante se lanza en el sitio, mientras que la patada lateral con pierna de atrás se lanza con un pivote, llevando la pierna de atrás hacia delante y luego proyectándola hacia el frente.

Las dos patadas necesitan pivotar ligeramente sobre un pie mientras la pierna que da la patada se levanta a la altura de la rodilla. Al mismo tiempo, se dobla la pierna de apoyo, de modo que la posición baje unos 2 cm. Este movimiento hace que la parte baja de la pierna que da la patada esté hacia atrás, pero paralela al suelo. Al doblar la rodilla, se ladea la cadera, preparándose para el rápido movimiento de proyección de la patada.

A Al doblar la rodilla de la pierna de apoyo (en este caso la izquierda), la parte baja de la pierna está hacia atrás y paralela al suelo. La cadera ladeada proyecta la pierna derecha con la fuerza del peso del cuerpo.

✲ Ya sea como arma ofensiva o defensiva, la patada lateral es absolutamente esencial. Un rápido paso atrás la pone siempre a nuestra disposición. Recuerde que el canto exterior del pie es la zona de contacto.

> CONSEJO: Para que el canto exterior del pie sea una buena arma, asegúrese de que está en la posición correcta. Debe mirar hacia abajo en el momento del impacto.

Errores comunes en la patada lateral

Cuando domine la patada lateral básica, la puede utilizar mientras se desliza, salta en el sitio, hacia delante o hacia atrás. A la larga, aprenderán incluso cómo incorporarla al vuelo. Sin embargo, antes de aprender y entender esos movimientos avanzados, el objetivo principal es dominar lo básico.

A En vez de levantar rodilla y pie, como debería, el luchador eleva sólo la rodilla, dejando la parte baja de la pierna colgando. La patada resultante será arriba y hacia dentro, en vez de directamente hacia dentro. Esta técnica tan débil se bloquea con facilidad.

B El movimiento es exagerado, el luchador se inclina hacia atrás y hacia el lado demasiado y puede perder el equilibrio. La rodilla está descentrada y la patada no dará en el objetivo.

Lo bueno de una patada lateral ejecutada correctamente es que le permitirá echar hacia atrás a su atacante. Si sigue practicando la patada lateral, perfeccionará la técnica y, con ella, nadie podrá invadir su zona de seguridad.

Sin embargo, tenga en cuenta que muchos luchadores cargarán contra usted después de recibir la patada. Para contrarrestar esto, tendrá que aprender a «recargar» la patada lateral, bajando rápidamente el pulpejo del pie que da la patada al suelo para recuperar el equilibrio y el impulso, y lanzarla de nuevo. La pierna (desde la rodilla al pie) tiene que estar siempre paralela al suelo, de modo que esté preparada para lanzarla de nuevo, y otra vez más, si fuera necesario.

Las principales áreas objetivas de las patadas laterales son el cuello, el costado del tronco, el abdomen, las costillas y las corvas. Como con la mayoría de patadas, mire a su oponente al lanzar este ataque. No incline demasiado el tronco, ya que puede hacerle perder el equilibrio y disminuir la fuerza de la patada. Mantenga las manos en una posición de guardia, así evitará que vuelen sin control.

⇦ Patada invertida

La patada invertida básica se enseña a partir de la posición de combate. En esta secuencia, la posición comienza con la pierna y el hombro derecho avanzados.

A Tome posición de preparado.

B Gire el torso hacia atrás pivotando en la punta del pie de delante y el talón del de atrás, de modo que los pies queden a la distancia de los hombros. Gire la cabeza al mismo tiempo y mire el objetivo por encima del hombro derecho. Luego suba el talón de la pierna derecha (ahora delante) hasta que la parte baja de la pierna esté paralela al suelo y el talón apunte al objetivo.

C Con un movimiento rápido hacia atrás, desdoble la pierna que da la patada hasta que la rodilla se clave. El tobillo también debe quedar clavado, de modo que los dedos de los pies apunten lo más abajo posible. El canto cuchillo o talón del pie es el arma, en este caso.

En una posición de combate normal, estaría de cara a la defensa de brazo y mano de su oponente. El rápido movimiento pivotante y la patada invertida de esta técnica hacen que el pie contacte con una zona objetiva menos defendida.

Gracias al impulso generado por el rápido giro, esta patada es potente y devastadora. Como la mayoría de patadas de taekwondo, se puede hacer deslizándose, saltando en el sitio o en movimiento, ya sea hacia delante o hacia atrás.

⇧ Tijera en el aire

Esta patada se puede ejecutar saltando hacia delante, hacia atrás o en el mismo sitio. La más útil es la tijera con salto hacia delante, que se hace siempre en el aire, cuando ninguno de los dos pies toca el suelo. La técnica es especialmente útil para «robar» distancia, es decir, cuando está demasiado lejos del oponente y necesita acercarse. Utiliza una patada inicial y otra que la sigue, y tiene dos opciones de pegada, el golpe frontal hacia arriba y el frontal hacia delante. Empiece moviéndose hacia delante, como si fuera a acercarse hacia su oponente, precisamente el movimiento que quiere que piense que va a hacer. Estire la pierna de detrás de la que avanza y ejecute una patada frontal, así su oponente retrocederá buscando seguridad. En la segunda mitad del movimiento, lance la patada al frente con la pierna de atrás y diríjala

al objetivo aún medio en el aire. La segunda patada (llamada patada con tirón) amplía su área de ataque hasta la zona de seguridad de su oponente, que no puede retroceder lo suficiente como para escapar.

A y B Desde la posición inicial de combate, eleve la rodilla de la pierna de avance (en este caso la izquierda) como si fuera a correr hacia su oponente para reducir la distancia entre los dos. Eso le obligará a utilizar una táctica de evasión para retroceder y ponerse fuera de su alcance.

C Complete la patada inicial con la pierna derecha mientras está en el aire.

D Le sigue la segunda patada (en este caso una patada con tirón con la izquierda), que también avanza mientras está en el aire. Esta pierna alcanza la zona objetiva con toda la fuerza y el impulso del cuerpo del atacante.

El arte del rompimiento

Hasta 1980 apenas se utilizaban protecciones durante los combates de entrenamiento en taekwondo, los oponentes no llevaban ningún tipo de protección, ya fueran de movimientos ofensivos o defensivos. Los nudillos y los pies desnudos eran las armas entonces y, a diferencia de los combates de entrenamiento modernos, la cara era uno de los objetivos principales. Sin embargo, no solían producirse lesiones, y mucho menos un contacto duro, dado el extremo control que los maestros enseñaban y los estudiantes observaban y practicaban. Incluso los principiantes debían ser capaces de lanzar un golpe fuerte hacia la nariz de alguien y dejársela intacta.

Entre 1940 y 1945, el entrenamiento de las artes marciales se concentraba, sobre todo, en luchar por la vida de uno, ya fuera con las manos desnudas o con armas. Pegar a un compañero de entrenamiento era tabú. Puede parecer paradójico, pero a los alumnos no se les enseñaba un magnífico control, sino que aprendían que sólo tenían una oportunidad: una patada, un puñetazo o una proyección. Si no eran efectivas, no sobrevivían.

Cada movimiento tenía que ser decisivo, cada oponente debía quedar inofensivo. Si un enemigo sobrevivía a lo que el artista marcial consideraba su mejor intento, significaba que no sería capaz de sobrevivir en la calle.

En las escuelas de taekwondo modernas, el rompimiento de objetos inanimados, como madera, cristal, ladrillos, bloques o rocas, aún se usa en periodos de exámenes para probar la capacidad de rompimiento de los alumnos, y de ese modo, la fuerza y la técnica, aunque es más frecuente hacerlo en exhibiciones. Algunos alumnos consideran el rompimiento como un arte en sí mismo; aspiran siempre a añadir otra tabla o ladrillo, intentando superar el logro anterior.

Es normal que se hagan pruebas de rompimiento cuando los alumnos están a punto de pasar de grado a un cinturón superior. Ningún buen profesor esperará que sus alumnos ejecuten técnicas de rompimiento que están más allá de su capacidad individual. Los exámenes de rompimiento no son pruebas de coraje, sino que dan muestra de la habilidad y confianza del alumno.

Las técnicas de rompimiento duras (también conocidas como rompimiento elegante) se estudian normalmente por separado, aparte del programa normal. Este tipo avanzado de rompimiento normalmente se practica en las exhibiciones de las escuelas. Las exigencias pretenden mostrar la fuerza que son capaces de generar los alumnos, además de la tranquilidad y la confianza que irradian en ese momento en particular de su formación.

No hay sustituto para el sereno acercamiento y la calma mental que te permite mirar a tu atacante directamente a los ojos y luego lanzar una patada al objetivo escogido sin vacilar. Todo el que practique artes marciales debe tener una gran confianza, y el rompimiento es una de las herramientas que los profesores utilizan para inculcársela a sus alumnos. La confianza llevará a un alumno a hacer lo que sea necesario y más efectivo en un momento dado sin dudar.

LOS QUE AGUANTAN LA TABLA DE MADERA DEBEN AGARRARLA FIRMÉMENTE POR LOS BORDES PARA QUE SEA UNA SUPERFICIE ESTABLE.

Materiales para el rompimiento

Los materiales más utilizados en los rompimientos para examinar a los principiantes son al menos dos o tres tablas de madera de pino blanco de segunda calidad. La tabla debe medir al menos 30 x 30 cm y tener un grosor de 2,5 cm. Es esencial que las tablas estén sujetas correcta y firmemente para ejecutar un rompimiento con éxito y evitar lesiones innecesarias. El instructor es responsable de que se cumplan todos los requisitos.

Procedimientos de examen

Los alumnos que están aún en las primeras fases del aprendizaje no tendrán que romper objetos con los nudillos. Los golpes con el puño requieren unas condiciones que sólo se exigen a los alumnos avanzados. Los rompimientos en los primeros niveles requerirán un golpe con mano cuchillo o con puño martillo hacia abajo o una patada lateral.

Las secuencias de las páginas siguientes muestran diferentes técnicas ejecutadas por un alumno diestro.

LOS QUE SUJETAN LA TABLA DEBEN PERMANECER TOTALMENTE QUIETOS; EL MÁS MÍNIMO MOVIMIENTO PUEDE SIGNIFICAR UNA LESIÓN.

⇧ Rompimiento con puño martillo

A Para este rompimiento, se coloca una tabla (también se pueden colocar dos, dependiendo de la capacidad del alumno) sobre dos ladrillos de cemento en vertical (póngase en pie con el hombro de la mano que golpea justo por encima del elemento que va a romper).

> CONSEJO: Adopte la posición de inicio correcta poniendo el puño en la tabla antes de ejecutar el rompimiento.

B Acerque el pie izquierdo al ladrillo de la izquierda y doble ligeramente la rodilla. Eche el pie derecho hacia atrás, con la pierna recta. Cierre el puño firmemente, con el pulgar recogido para evitar lesiones y levántelo lo más alto y atrás posible a la vez que gira la cadera hacia la izquierda. Levante el puño izquierdo, que no golpea, hacia el hombro derecho, con los ojos fijos en la tabla.

C Deje salir un Ki yap cuando comience a bajar el puño derecho en un potente golpe hacia abajo, en dirección al suelo, ignorando la tabla que va a romper.

Si el material está colocado correctamente, un enfoque, concentración y confianza intensos, además del golpe, son elementos que le asegurarán el éxito al romper las tablas.

> Intente acompañar el golpe con el peso de su cuerpo. Para hacerlo correctamente, doble la rodilla a la vez que el puño desciende con el canto inferior como superficie de pegada.

⇩ Golpe con el canto de la mano hacia abajo

La posición en este rompimiento es idéntica a la del de puño martillo. Sin embargo, en esta ocasión, al levantar el brazo, la mano que golpea no forma un puño, sino que se usa la posición de mano cuchillo.

El siguiente movimiento clave se hace rotando la mano que golpea a la vez que se levanta el brazo, con el pulgar doblado hacia el interior de la palma tanto como sea posible. Así se asegura que la mano desciende correctamente, evitando lesiones innecesarias.

A Para empezar, levante el brazo derecho todo lo posible, con la mano que golpea en posición de mano cuchillo, con el pulgar doblado hacia la palma, para su seguridad.

B Gire la muñeca hacia atrás para que el contacto se produzca con la superficie de pegada adecuada.

C Emita un Ki yap a la vez que dobla la rodilla (en este caso la izquierda) y golpea hacia el suelo. Acompañe el movimiento con el peso de su cuerpo a la vez que el puño desciende. Golpee con velocidad y confianza e impacte con la zona musculosa de la mano, de forma similar al golpe con el talón de la mano.

> CONSEJO: En un golpe con el canto de la mano hacia abajo, no se impacta con todo el canto de la mano cuchillo. Pase el dedo por el canto de la mano desde la base del meñique. Notará un hueso cerca de la muñeca. Justo encima hay una zona musculosa, que será la que servirá de superficie de pegada.

⇩ Rompimiento con patada lateral

En este rompimiento es importante que mantenga los ojos y la mente concentrados en la tabla que va a romper. Desde la posición de combate (v. pág. 34) dé un paso adelante para ejecutar una patada lateral (v. pág. 68). El talón del pie que da la patada debe estar dirigido directamente al objetivo. Mientras lo hace, gire la cadera hacia la tabla que pretende romper y dirija el pie que golpea hacia ella en un movimiento suave pero potente, utilizando el impulso de su peso al embestir.

En esta fotografía, la persona que sujeta la tabla ha permanecido inmóvil, pero ha girado la cabeza a un lado para protegerse la cara. Fíjese dónde sujetaba originalmente la tabla (x), que indica la penetración efectiva que se puede lograr.

NOTA: Ningún principiante debe experimentar con técnicas de rompimiento bajo ningún concepto, a menos que esté llevando a cabo un entrenamiento apropiado bajo la experta dirección de un maestro. Las técnicas de rompimiento ejecutadas de manera incorrecta pueden causar lesiones permanentes en manos y pies.

DEPORTE Y DEFENSA PERSONAL

En las artes marciales que se enseñan como método de defensa personal se comienza, invariablemente, enseñando a los nuevos alumnos las técnicas básicas de bloqueo defensivas, antes de avanzar a los movimientos de ataque. Dado que este concepto es bastante contrario a casi todos los torneos abiertos, que se centran en la agresividad del combate cuerpo a cuerpo, sorprende que los maestros y los grandes maestros no hayan prohibido el taekwondo como deporte.

En el pasado, la mayoría de asiáticos practicantes de taekwondo evitaban las competiciones, a excepción de algunos grandes maestros de artes marciales, que aceptaban este tipo de retos para mejorar sus ingresos. En años pasados, las escuelas orientales organizaban campeonatos en su propio estilo cada año para decidir los campeones vigentes. Actualmente, sin embargo, en estos campeonatos se reciben premios en metálico, fama y una mejora de la reputación de una escuela. Muchas escuelas de artes marciales no sólo participan en torneos abiertos, sino que también los organizan.

Diferentes categorías

El taekwondo como deporte tiene dos categorías claramente diferenciadas, a saber, el combate por puntos (ejecutado en un principio con las manos desnudas y controlado hasta cierto punto) y el combate full-contact, que es un estilo olímpico, en el que se emplean protecciones, tal y como dicta la Federación Mundial de Taekwondo.

La emigración de algunos profesores y grandes maestros de taekwondo coreanos a todo el mundo tuvo lugar principalmente entre los años 1960 y 1970. Las primeras competiciones de taekwondo consistían en combates por puntos parecidos a los que se ven en el karate. En los distintos países en los cuales este arte marcial se introdujo, los maestros se establecieron en pueblos y ciudades con la suficiente población para mantener las escuelas donde impartir sus enseñanzas. A medida que su arte evolucionaba y su reputación como artistas marciales crecía, también aumentó la ambición y la curiosidad de los alumnos, deseosos de probar y practicar sus capacidades recién descubiertas.

Comienzos de los torneos

Los torneos eran la respuesta evidente y los maestros se reunían con otros colegas de localidades y escuelas cercanas para organizar el acontecimiento con intención de responder a los deseos crecientes de los alumnos de competir en el tapiz. Al principio, estas competiciones eran invitaciones para combatir contra escuelas o *kwans* vecinos que practicaban el mismo estilo de taekwondo. Más tarde, cuando los torneos empezaron a florecer, las zonas se ampliaron y los maestros empezaron a cooperar y coordinarse entre ellos hasta que, al fin, se estableció un circuito de torneos. (En España no ocurre exactamente lo mismo, pues desde el año 1970 se celebran únicamente dos torneos oficiales.)

Este sistema que se creó obligaba a enviar invitaciones por correo a las escuelas que participaban para comunicarlas la posibilidad de asistir a un torneo que tendría lugar en una de las ciudades del circuito. Como el lugar iba variando a lo largo del año, cada uno de los maestros de las distintas escuelas de taekwondo tendría la oportunidad de albergar su propio torneo. Al crecer la competitividad, surgían individuos con un talento destacable en las finales o como campeones. Éstos se trasladaban a otros circuitos para probar sus habilidades contra nuevos oponentes, lo que llevó a organizar grandes torneos y al nombramiento de campeones nacionales en el arte.

página siguiente LOS MOVIMENTOS DE DEFENSA PERSONAL SE BASAN EN EL VALOR Y LA VELOCIDAD. PRACTÍQUELOS HASTA QUE SE SIENTA SEGURO.

La creciente moda de los torneos conllevó un cambio notable en la naturaleza de los luchadores que tomaban parte en los mismos. También las aseguradoras comenzaron a insistir en que todos los competidores utilizaran protecciones de esponja o goma o almohadillados en los torneos, incluso en aquellas competiciones que no eran full-contact y no se empleaban habitualmente. Los expertos en taekwondo coinciden, y la experiencia así lo ha demostrado, en que llevar un peto o coraza no hace que el deporte sea necesariamente más seguro, ya que disminuye el control del luchador, pero la norma sigue vigente.

Formato de los torneos

Para un principiante en la práctica de este arte marcial, es útil saber qué esperar cuando participa en un torneo de taekwondo, ya que puede ser una experiencia bastante intimidante hasta que se acostumbre a competir contra otros contendientes.

La mayoría de torneos de circuito se celebran en recintos, en los que hay, normalmente, ocho tapices de competición. Un tapiz mide aproximadamente 6 m², pero a veces pueden ser un poco más pequeños, y tienen dos marcas de inicio en el suelo.

Normalmente, los torneos suelen comenzar con una corta presentación que sirve para dar la relación de los maestros visitantes y explicar las reglas del torneo. Los alumnos que poseen cinturón negro que participan en el torneo son los primeros en competir en las combinaciones de técnica, ya que también actúan como árbitros y jueces.

Seguidamente, se anuncia públicamente la asignación de tapiz y se indica el lugar en el que deben ir los cinturones negros para cumplir sus funciones como jueces o árbitros. A continuación se anuncia el programa para los participantes de las distintas competiciones por *gups* o cinturones. Sigamos a los contendientes en un torneo típico:

En todas las divisiones, las competiciones de combinaciones de técnicas son siempre las primeras. Después de presentar los papeles de inscripción a la persona encargada en el tapiz, los contendientes esperan su turno

PARA SEÑALAR EL FINAL DE UN COMBATE, EL ÁRBITRO GRITA «KO MAWN» Y EXTIENDE EL BRAZO DERECHO HACIA DELANTE, CON LA MANO EN POSICIÓN CUCHILLO.

con sus compañeros de competición. Hay cinco jueces de técnica al fondo de cada tapiz; el juez de rango más alto ocupa normalmente la silla del medio.

El marcador del tapiz anuncia la secuencia de participación de los competidores y luego llama a los que competirán cuando el combate que se está llevando a cabo en ese momento concluya. En algunos torneos, los participantes han de decir su nombre, su escuela y el pumse en el que participan. Después de hacer la reverencia ante los jueces, el participante efectúa la combinación, luego se da la vuelta, mientras el marcador suma las puntuaciones de los jueces, antes de volver a inclinarse y dejar el tapiz.

Cuando acaban las competiciones de técnica de adultos, el marcador suma cuidadosamente las puntuaciones de los cinco jueces. Normalmente, se descartan la puntuación más alta y la más baja: la primera, para evitar favoritismos, y la segunda, para eliminar prejuicios. Las tres que quedan se suman, y el ganador es el participante que obtenga la puntuación más alta. Si se llega a un empate, los jueces piden que los competidores repitan su actuación, juntos o por separado. Una vez decididos los tres primeros ganadores, se les llama para entregarles los trofeos o medallas.

Espíritu de lucha

Una vez terminada la competición de técnica que ha tenido lugar en un tapiz específico, comienzan los combates. Normalmente las categorías compiten en el mismo tapiz tanto en las combinaciones de técnicas como en los combates.

Los combates duran tres minutos en todos los niveles y el ganador es el luchador que acumula más puntos en ese tiempo. Los ganadores avanzan en la hoja de fases, mientras que los perdedores son eliminados. Esto se aplica sólo en las competiciones individuales. En las competiciones por equipos, los que pierden tienen otra oportunidad.

Cumplimiento de las normas

Las reglas de los torneos son muy estrictas. Una de las razones es, evidentemente, garantizar la seguridad de todos los presentes; otra, imponer la disciplina. No

LA JAPONESA YORIKO OKAMOTO, JJ. OO. DE SYDNEY 2000.

está permitido que los competidores respondan a los oficiales o discutan sus reglas. Si bien los luchadores pueden discutir las decisiones tomadas por los jueces, no deben hacerlo personalmente, sino a través de sus profesores.

Los principiantes no pueden golpear en la cara o patear por debajo del cinturón. No están permitidos los ataques con el dorso del puño ni los ataques ciegos (golpes en los que la persona que ejecuta la técnica no mira primero para ver adónde va el golpe).

También está prohibido el uso de técnicas con la mano abierta y los ataques en el suelo (atacar cuando el oponente está en el suelo). Cuando el juez de esquina o el árbitro ve que se ha marcado un punto, grita: «Punto». En ese momento el combate se detiene y el árbitro pide confirmación; todas las banderas se elevan simultáneamente para evitar que los jueces se dejen influir por la puntuación otorgada por los demás.

Los jueces indican las puntuaciones con distintos movimientos de la bandera roja o azul. Uno de los luchadores lleva un peto protector rojo: cuando puntúa, el juez lo indica moviendo la bandera roja. Si el juez no ha visto un supuesto punto, sujeta la bandera en horizontal delante de sus ojos, indicando que no lo

CHOQUE TITÁNICO ENTRE EL JORDANO MOHAMED ALFARARJEH (DERECHA) Y EL ALEMÁN FAISSAL EBNOUTALIB EN LOS JUEGOS OLÍMPICOS DE SYDNEY 2000.

ha visto. Si no está de acuerdo en que la técnica ha ganado un punto válido, mueve la bandera atrás y adelante al nivel del suelo.

A la hora de puntuar, gana la mayoría. Sólo se cuentan los jueces que han visto el punto. El punto sólo se concede en caso de mayoría. Después de tres minutos, el cronometrador detiene el combate, se cuentan los puntos y el ganador pasa a la siguiente fase. Normalmente se usa un sistema de eliminación que se refleja en la hoja de fases para asegurarse de que los combates acaban correctamente. En la última serie de combates, luchan cuatro contendientes; los dos ganadores llegan a la final, mientras que los perdedores combaten entre ellos para determinar el tercer puesto.

Después de la final, los ganadores son recompensados y los competidores se van con un trofeo, o con ganas de hacerlo mejor la próxima vez.

Competiciones olímpicas

Los principiantes no suelen competir en las olimpiadas, ya que están reservadas para cinturones negros. En las competiciones de estilo olímpico, los contendientes llevan una coraza completa acolchada, formada por un chaleco que cubre el torso, casco y protectores para manos y pies.

El Comité Olímpico Internacional (COI) dicta las normas de las competiciones olímpicas, que ha adoptado de la Federación Mundial de Taekwondo. En los combates olímpicos, el COI ha prohibido los golpes en la cara.

Sin embargo, los estudiantes pueden combinar muchas patadas con golpes de máxima fuerza a la cabeza (golpes de KO, cuya fuerza no está controlada). En las competiciones olímpicas todas las técnicas se ejecutan con toda la fuerza. Cualquier técnica que haga «tambalearse» al contrario suma un punto (es decir, un golpe con toda la potencia que deja a la víctima demasiado tocada para reaccionar). Los combates también se pueden ganar por KO.

Presiden cuatro jueces y un árbitro controla el combate. Los jueces y el árbitro tienen tarjetas de puntuación que otros maestros comprueban y cuentan para determinar el ganador absoluto.

Defensa personal

Casi todo lo que se hace en un *dojang* de taekwondo se centra en la defensa personal, o Ho shin sul (el «arte de proteger el cuerpo»). Las combinaciones de técnicas, los combates de entrenamiento, el rompimiento y toda la filosofía del estilo del taekwondo de las artes marciales que se enseñan en el gimnasio son parte integral y continuada del aprendizaje de la defensa personal. Las actividades están dirigidas a poner a los participantes bajo presión y enseñarles cómo superar esa presión. Esto, en esencia, es el arte del taekwondo.

Toda esta filosofía del taekwondo estaría incompleta, sin embargo, si no incluyera el aspecto práctico como culminación de todas las demás actividades. La parte práctica de la defensa personal es diferente de la tensión de estar en un tapiz y luchar contra alguien que pesa 23 Kg más que tú. Le enseña a los alumnos cómo escapar de los que pretenden hacerles daño, cómo proyectarles, escapar cuando les agarran, barrerles los pies y utilizar puntos de presión para causarles dolor y obligar a los atacantes a soltarles. En un *dojang*, estas técnicas a menudo se presentan bajo la máscara del *Hapkido* y la mayoría de ellas se derivan del arte policial coreano llamado *Do su bang oh*.

Es necesario practicar la defensa personal con un compañero en un entorno seguro. Los movimientos son peligrosos, hay golpes a los ojos, garganta, ingles y articulaciones. El entrenamiento permite que los participantes adopten los papeles de agresor y víctima por turnos, y observen, así, el daño que pueden causar esas técnicas.

Los grupos de alumnos aprenden secuencias de defensa preestablecidas y decididas de antemano. A pesar de que este método es, en cierto modo, irreal y artificial, les da la oportunidad de dominar las técnicas, a la vez que aprenden lo efectivas que son cuando se aplican correctamente.

Las escuelas de taekwondo tienen diferentes criterios. En algunas, los cinturones negros se gradúan con muy pocos conocimientos de defensa personal real, mientras que otras están mucho más orientadas a la defensa personal y la enseñan como parte del programa. En estas escuelas, los alumnos aprenden unas veinte series de defensa nuevas en cada nivel de cinturón. Cuando llegan a cinturón negro, saben más de doscientos movimientos de defensa efectivos que se pueden aplicar casi en cualquier situación.

El aprendizaje de la defensa personal cubre muchos elementos de peligro, como el agarrón de la mano o la muñeca, del cinturón, del cuello, los ataques con navaja y la estrangulación. No obstante, los alumnos de taekwondo también aprenden que pocas de las técnicas que les enseñan son efectivas, a menos que consigan pegar, patear o dar un golpe con la cabeza a un atacante para que les suelte.

El gran número de técnicas de defensa personal que los maestros de taekwondo enseñan en los *dojangs* de todo el mundo, y las innumerables variaciones que existen, hace que sea imposible incluir aquí más que unas cuantas representativas del tipo de aprendizaje que puede esperar un estudiante de taekwondo. Los seis ejercicios de autodefensa siguientes son básicos.

EL OBJETIVO DEL ENTRENAMIENTO EN DEFENSA PERSONAL ES ENSEÑARLE CÓMO ACTUAR EN ENFRENTAMIENTOS PELIGROSOS PARA SOBREVIVIR.

La repetición es esencial en el aprendizaje de la defensa personal

En algunas ocasiones, los centros de fitness y de aeróbic ofrecen clases de defensa personal, pero es cuestionable hasta qué punto estos centros pueden ofrecer un entrenamiento serio y sólido, y qué provecho sacará el alumno de asistir a estos cursos.

Para lograr reacciones instintivas, útiles cuando más se necesiten, la enseñanza de defensa personal debe ser práctica y estar estructurada. Ha de incluir técnicas de bloqueo y de ataque básicas, que se repetirán regularmente hasta que se conviertan en movimientos naturales.

También es importante que se practiquen las técnicas con la suficiente fuerza y determinación, de modo que la persona que ejecuta la técnica y el compañero de entrenamiento comprendan qué están aprendiendo, cómo funciona y lo efectivo que puede ser.

En la mayoría de casos, habrá algún tipo de contacto físico entre agresor y víctima, ya sea que el atacante le agarre de la muñeca, le rodee el cuello con las manos o le coja del pelo.

⇧ Escapar de un agarrón de muñeca

A El atacante le ha agarrado de la muñeca izquierda.

B Disminuya la presión elevando la mano hacia su hombro, a la vez que la gira hacia el pulgar del atacante. Esta acción se ejecuta normalmente con un tirón rápido, pero un movimiento lento y suave dará el mismo resultado.

C Tire del brazo adelante y hacia fuera para disminuir la presión sobre su muñeca, siempre hacia el pulgar del atacante.

D Cuando haya conseguido que le suelte la muñeca, siga levantando la mano izquierda hasta que la tenga junto a la oreja derecha. Ahora está en posición para contraatacar.

E La reacción ofensiva que se muestra aquí es un fuerte golpe exterior con mano cuchillo en la oreja del atacante. Puede seguirle otro puñetazo o patada, si es necesario.

> CONSEJO: Pegue una patada, puñetazo o golpee para repeler el asimiento de un atacante antes de utilizar una técnica de defensa.

NOTA: Para la defensa personal, es necesario utilizar la cabeza. En vez de saltar ante la oportunidad de aplicar lo que ha aprendido en el *dojang*, el objetivo principal debería ser actuar responsablemente y con sensatez. Evite a toda costa el peligro, los posibles conflictos y las situaciones de defensa personal. Hay unas cuantas reglas de sentido común que siempre es conveniente seguir: no se aventure en zonas que no conoce, o a las que no pertenece, especialmente solo; cierre las puertas con seguro cuando vaya en coche; evite los portales oscuros y callejones cuando ande por sitios que no conozca. Si sospecha que le siguen, no tenga miedo de correr. Gritar «fuego» atraerá más la atención que un grito de socorro. Busque una zona bien iluminada o una tienda. Si hay casas habitadas cerca, no dude en llamar a la puerta.

Si no tiene otra opción, encárese con su oponente con valentía y determinación. Deje claro que está enfadado y que no permitirá que le agreda.

⇩ La sujeción en s

A El atacante le ha agarrado de la muñeca derecha. Con la mano libre (izquierda), coja la mano que le agarra e inmovilícela o manténgala en el sitio.

B Agarre la muñeca del atacante con la mano izquierda para mantenerla en el mismo lugar antes de efectuar su próximo movimiento.

C Con un movimiento rápido, gire la muñeca derecha, con la mano hacia su cuerpo, hasta que pueda levantar la mano sobre la muñeca del atacante. Hágalo mientras tie-

ne la mano de él firmemente cogida con la izquierda. Ponga el canto exterior de la mano (en este caso la derecha) contra el antebrazo del atacante. Recuerde mantener la mano de éste en línea con el antebrazo. Presione hacia abajo rápidamente y con fuerza, poniendo a la vez el peso del cuerpo en la presión del canto de la mano.

D Esto bloquea la muñeca del atacante, causándole un dolor agudo que le obligará a arrodillarse. Ahora ya lo tiene a su merced y puede seguir con una patada en la ingle o un rodillazo en el plexo solar o en la cabeza.

⇩ Patada en la espinilla

El golpe en la espinilla es una técnica sencilla, pero efectiva, que debería causar un dolor suficiente para debilitar al atacante y darle tiempo a escapar. En algunos casos, puede que considere adecuado seguir con un codazo. Recuerde: el que pelea y huye vive para pelear otro día.

A Alguien que obviamente no quiere nada bueno le sale al paso en la calle. No tenga miedo y mire a su oponente directamente a los ojos.

B El agresor intenta cogerle con las dos manos. Bloquéelo poniendo los antebrazos entre los del agresor, separándolos y haciendo que le suelte. Agárrele de las mangas o de los brazos con fuerza y tire hacia usted.

C Al hacerlo, dele con la parte interior del pie o del zapato en la espinilla con un golpe directo y recto, no con un movimiento circular, ya que eso le haría perder efectividad. Si da impulso con la cadera aumentará la fuerza del golpe.

Aspectos legales de la defensa personal

Tenga en cuenta que las acciones que tome para defenderse pueden costarle caras. Cuando golpea a alguien, puede exponerse a acciones legales, especialmente si hace un buen trabajo contra su agresor. Los conceptos legales respecto a la defensa personal son diferentes en todo el mundo.

Infórmese de cómo está definida la defensa personal en su país, ya que su definición puede no coincidir con la de la ley. Debe saber cómo y cuándo se puede utilizar, qué puede hacer para protegerse y qué no está permitido.

En EE.UU., por ejemplo, un artículo señala que, en la defensa personal, sólo se permite una fuerza mortal cuando una persona esté en peligro de muerte o haya un gran riesgo de daño corporal. El individuo no ha de tener razón en esa afirmación, ya que puede creer realmente que su vida está en peligro. Cuando la víctima ya no teme por su vida, el comportamiento defensivo debe cesar inmediatamente, o pasaría a ser el agresor, perdiendo así su derecho a la defensa (por ejemplo, si ya ha neutralizado al atacante y éste está en el suelo, no le dé otra patada por si acaso).

⇩ Agarrón de cuello desde atrás

A El agresor le agarra por detrás rodeándole el cuello con el brazo en una fuerte presa de estrangulamiento.

B Dé un paso a la derecha y golpéele con el codo izquierdo en el estómago. Eso dejará sin respiración al agresor y le obligará a soltarle.

C Dese la vuelta rápidamente y ponga la pierna izquierda detrás de la derecha del agresor. Lance un puñetazo a la zona de la cara o del cuello con determinación, eso le hará retroceder; pero como su pierna estará detrás de la del agresor, éste perderá el equilibrio y se caerá, evitando que le vuelva a atacar y dándole a usted la posibilidad de escapar.

⇩ **Agarrón por el hombro desde el lado**

A El agresor le agarra del hombro desde el lado con el brazo izquierdo.

B Lance el brazo derecho por encima y hacia atrás del brazo del agresor, bloqueándole el codo en el proceso. El bloqueo hará que su cuerpo se incline hacia atrás, mientras que el bloqueo mismo produce un gran dolor y puede romperle incluso el brazo.

C Rápidamente, dé un paso a la derecha, ligeramente por detrás del pie izquierdo del agresor y dirija un golpe con mano cuchillo (*v.* pág. 44) a la garganta de su agresor.

⇩ Ataque con puñetazo circular en gancho

Es una secuencia sencilla, pero efectiva, que le permitirá tirar al agresor al suelo. La técnica se basa en la velocidad y en el elemento sorpresa y debe practicarla hasta que sepa exactamente qué hacer sin tener que pensarlo.

Recuerde que en este movimiento está muy cerca de su agresor; si lo ejecuta con torpeza o no está seguro del paso siguiente de la secuencia, se pondrá en peligro aún más. A menos que actúe rápidamente, con determinación y autoridad, el agresor puede encontrar la manera de revolverse.

A El agresor se dirige a su cara con un puñetazo en gancho circular, también conocido como «segador».

B Defiéndase con un bloqueo arriba con mano abierta con el brazo izquierdo (la mano abierta normalmente se mueve más deprisa que el puño). Golpéele en la cara con un puñetazo arriba con la derecha mientras le sujeta el brazo derecho con la mano de bloqueo.

C Abra la mano del brazo que pega, aún cerca de su cara; agárrele del cuello y empújele hacia delante, a la vez que tira de su brazo derecho hacia abajo con la mano izquierda. Con esta técnica, el cuerpo del agresor se inclinará y se acercará a usted. Explote esta proximidad dándole un rodillazo (en este caso con la rodilla derecha).

D Inmediatamente, pase la pierna de pegada por detrás de la pierna de atrás del agresor, sin tocar el suelo con el pie, y barra las piernas de su agresor. Al mismo tiempo, péguele en el mentón con el talón de la mano (v. pág. 45), metiéndole los dedos en los ojos para conseguir una mayor efectividad.

E Con esto, el agresor se caerá. Mientras cae, bloquéele el cuerpo poniendo la rodilla izquierda contra su codo izquierdo sin soltarle el brazo. Al hacerlo, le obliga a poner el cuerpo en una posición muy vulnerable, de lado. Esto le impedirá usar las piernas o la mano izquierda para lanzarle un contraataque desde el suelo.

F Pivote sobre la punta del pie derecho y ejecute un golpe de rodilla cayendo sobre la cadera o por debajo del tórax del agresor. Al mismo tiempo, péguele un puñetazo en el pecho. Una vez que el agresor esté reducido, puede escapar.

GLOSARIO

AIZU	Gestos y señales del árbitro
AH HOOL	Nueve
AP CHAGGI	Patada frontal
AP KI PUN CHAGGI	Ataque frontal hacia delante
CHAWBI	(también conocida como Taiken) Arte marcial china que combina las artes del kenpo y el jiu-jitsu
CHAW CHOOM SAWGE	Posición de jinete
CHA YANG CHA	Giro a la izquierda
CHA YOO TAE RYUN	Combate libre, combate amistoso bajo supervisión.
CHO NAYKI	Técnica de bloqueo exterior
CHO NOKI	Técnica de bloqueo interior
CHUN GUL SAWGE	Posición de avance
CHAW REYAWT	Posición de firme
DA SAT	Cinco en coreano
DOBOK	Uniforme de taekwondo
DOJANG	Sala de entrenamiento o gimnasio
DUL	Dos en coreano
DU SU BONG	Arte policial coreano
CONCENTRACIÓN	Capacidad de unir el peso del cuerpo, el golpe, la concentración y el Ki yap en el momento crucial del impacto.
GRAN MAESTRO	Profesor sabio senior cuyos alumnos son también maestros. Los grandes maestros tienen el séptimo grado de cinturón negro o superior.
GUP	Grado en coreano, indica el nivel de aprendizaje de un alumno.
HANA	Uno en coreano
HA DAWN MAWKI	Bloqueo abajo
HOOK DE	Cinturón negro; el propio cinturón
HO SHIN SUL	El arte de la defensa personal
HYUNG	(también conocido como Pumse) Combinación, o secuencia tradicional de pasos, utilizada como herramienta de entrenamiento.
IL GOOP	Siete en coreano
ITF	Federación Internacional de Taekwondo, organización artístico-deportiva privada fundada por Gen Choi Hong Hi específicamente para los seguidores de su estilo de Taekwondo.
JUN BE	Posición de preparado
JUNG DAWN CHI LU KI	Puñetazo al medio
KAE SOK	Orden para continuar
KI YAP	Grito o chillido que se exhala al impactar.
KO MAWN	Finalizar, volver a la posición inicial.
KONG SU DO	(manos vacías) Arte de combate
KWAN	Escuela u organización que enseña un estilo específico de Taekwondo.
KWAN BUP	Arte de boxeo chino
MAESTRO	Profesor instruido de artes marciales; nunca inferior al cuarto grado de cinturón negro.
NET	Cuatro en coreano
PAAH DO	Canto de la mano (golpe con el canto superior de la mano)
SAWGE	Posición
SAW BAWM NIM	Profesor
SET	Tres en coreano
SI JAWN	Orden para comenzar
SONG DAWN CHI LU KI	Técnica de puñetazo arriba
SONG DAWN MAWKI	Técnica de bloqueo arriba
SOO DO CHIGI	Golpe con el canto inferior de la mano
SPARRING	Combate controlado
TAE RYUN CHAW SAWGE	Posición de combate
TAE SU DO	(arte patada-puño) Arte de combate coreano
TI RO TOE RA	Vuelta
TOE RA	Giro
TOL YOH CHAGGI	Técnica de patada circular
TUI CHAGGI	Técnica de patada trasera ejecutada mirando al frente
TUI TOL YOH CHAGGI	Técnica de patada invertida, ejecutada en giro

GLOSARIO

RENUNCIA	Documento legal que reconoce los riesgos que puede comportar la práctica de cierto deporte o función en el que se acepta continuar a pesar de los riesgos.
YA SAT	Seis en coreano
YA DUL	Ocho en coreano
YOO DAN JAW	Cinturón negro; la persona
YUL	Diez en coreano
YUP CHI LU KI	Técnica de puñetazo lateral
YUP CHAGGI	Técnica de patada lateral
YUP CHI LU KI	Técnica de puñetazo lateral
YUP CHAGGI	Técnica de patada lateral

NOTA: Los editores han encontrado grandes discrepancias en la terminología y la ortografía de movimientos, posiciones y varios otros términos de taekwondo. Por tanto, somos conscientes de que los términos aquí publicados pueden diferir de otras fuentes.

FOTOGRAFÍAS

Todas las fotografías son de James Evans (págs. 22, 24, 27, 41, 44, 47, 48, 53, 55, 68, 69, 74, 76, 84, 85, 86) y Nicholas Aldridge, a excepción de las proporcionadas por los siguientes fotógrafos y/o agencias (el copyright pertenece a esas personas y/o sus agencias):

4–5	Corbis	25	Sporting Images
8	Rob Young	31	Empics
9	Corbis	37	Rob Young
10	Rob Young	39	Rob Young
12	Rob Young	43	Rob Young
13	Mohamed Jaffer	61	Empics
20	Corbis	81	Empics
23	Tony Stone Images/Gallo Images	82	Empics

Los editores dan las gracias a todos los modelos que han participado en las secuencias que aparecen en este libro.

CONTACTOS ÚTILES

ORGANIZACIONES INTERNACIONALES DE TAEKWONDO

La organización internacional de Taekwondo (WTF) es un organismo Gubernamental Internacional para el Taekwondo reconocido por el Comité Olímpico Internacional (IOC) y la Asociación General de la Federación de Deportes (AGFD), unida a 168 organismos gubernamentales de Taekwondo como miembro. Los demás grupos que no forman parte de la WTF, son grupos privados.

ALEMANIA
- **DEUTSCHE TAEKWONDO UNION E.V.**
- Luisenstraße 3, 90762 Fürth
- Tel.: (+911) 974 8888
- Fax: (+911) 974 8890
- Website: www.dtu.de

- **INTERNATIONALE TAEKWONDO FEDERATION DEUTSCHLAND E.V.**
- Malvenweg 27
- D-51061 Köln 80
- (Hohenhaus)
- Tel.: (+221) 636 95 18
- Fax: (+221) 636 78 63

AUSTRALIA
- **INTERNATIONAL TAEKWONDO FEDERATION AUSTRALIA**
- 1/5 BROADMEADOWS ROAD
- MAROOCHYDORE
- QLD 4558 (Queensland)
- E-mail: muleta@itftaekwondo.com
- Website: www.itftaekwondo.com

AUSTRIA
- **INTERNATIONAL TAEKWONDO FEDERATION AUSTRIA**
- Wimberger Gasse 8
- 1210 Vienna
- Tel.: (+1) 522 13 86
- E-mail: itf.austria@chello.at
- Website: www.itf-austria.at/

BÉLGICA
- **INTERNATIONAL TAEKWONDO FEDERATION BELGIUM**

- Kasteeldreef 39
- 9890 Gavere
- Tel.: (+9) 384 61 28
- E-mail: taekwondo1@pandora.be
- Website: www.itf-taekwondo.com

CANADÁ
- **CANADIAN TAEKWONDO FEDERATION INTERNATIONAL**
- Tel.: (+306) 525 0005
- Fax: (+306) 525 0050
- E-mail: mailto:ctfi@sk.sympatico.ca
- Website: www.ctfi.org

COREA DEL SUR
- **WORLD TAEKWONDO FEDERATION**
- 635 Yuksam-Dong, Kangnam-gu
- Seoul 135-080
- Tel.: (+2) 566 3505
- Fax: (+2) 533 4728
- E-mail: wtftkd@elim.net
- Website: //myhome.elim.net/taekwondo/

- **KOREA TAEKWONDO ASSOCIATION**
- Olympic Park, 88-2 Oryun-Dong, Songpa-gu, Seoul 135-080
- Tel.: (+2) 420 4271
- Fax: (+2) 420 4274
- Website: www.koreataekwondo.org

DINAMARCA
- **DANSK TAEKWONDO FORBUND**

- Postboks 9
- 6870 Olgod
- Tel.: (+75) 24 62 50
- Fax: (+75) 24 62 51
- E-mail: sekretariatet@taekwondo.dk
- Website: www.taekwondo.dk

EE.UU.
- **ACTION INTERNATIONAL MARTIAL ARTS ASSOCIATION**
- 4217 San Mateo Boulevard
- NE Albuquerque
- NM 87110 (New Mexico)
- Tel.: (+505) 881 1888
- E-mail: aimaahq@aol.com
- Website: www.aimaa.com

- **AMATEUR ATHLETIC UNION TAEKWONDO (AAU)**
- National Headquarters
- The Walt Disney World Resort,
- Box 10 000, Lake Buena Vista
- Orlando,
- FL 32830-1000 (Florida)
- Tel.: (+407) 934 7200
- Fax: (+407) 934 7242
- Website: www.aautaekwondo.org

- **AMERICAN TAEKWONDO FEDERATION (ATA)**
- ATA National Headquarters
- 6210 Baseline Road
- Little Rock
- AR 72219 (Arkansas)
- Tel.: (+501) 568 2821
- E-mail: atausal@aristotle.net
- Website: www.ataonline.com

ORGANIZACIONES INTERNACIONALES DE TAEKWONDO

- **KOREAMERICA TAEKWONDO UNION (KARU-ITF)**
- 441 South Main Street 97
- Manchester
- CT 06040 (Connecticut)
- Tel.: (+719) 578 4632
- Fax: (+719) 578 4642
- E-mail: USTUTKD1@aol.com
- Website: www.ustu.com

- **UNITED STATES TAEKWONDO UNION (USTU)**
- One Olympic Plaza, Suite 104C,
- Colorado Springs
- CO 80909 (Colorado)
- Tel.: (+719) 578 4632
- Fax: (+719) 578 4642
- E-mail: USTUTKD1@aol.com
- Website: www.ustu.com

ESPAÑA
- **FEDERACION ESPAÑOLA DE TAEKWONDO TRADICIONAL**
- Calle Mercado No. 3
- Benidorm, Alicante
- Tel./Fax: (+96) 585 98 55
- E-mail: fefu@ctv.es
- Website: www.ctv.es/USERS/ fefu/festt/festt.html

ITALIA
- **TAEKWONDO FEDERATION ITALY**
- Via Massiego 40
- 31032 Casale sul Siele (TV)
- Tel./Fax: (+422) 82 26 02
- E-mail: fitae_segreteria@hotmail.com4
- Website: www.taekwondo-fitae0itf.com

MALASIA
- **MALAYSIAN NTERNATIONAL TAEKWONDO FEDERATION (MITF)**
- Lot 221, 2nd Floor, Jalan Sungai Hilir, 93150 Kuching, Sarawak
- Tel.: (+82) 23 13 68
- E-mail: sta@ace.cdc.abu.com
- Website: //hope.cdc.com.my

NORUEGA
- **GLOBAL TAEKWONDO NORWAY**
- Postboks 1129, Nyborg, 7420 Trondheim
- Tel.: (+73) 88 31 90
- E-mail: info@gtf.no
- Website: www.gtf-taekwondo-do.no

NUEVA ZELANDA
- **INTERNATIONAL TAEKWONDO FEDERATION NEW ZEALAND**
- BOX 457
- Silverdale
- Auckland 1462
- Tel./Fax: (+9) 426 6696
- E-mail: secretary@itfnz.org.nz
- Website: //itfnz.org.nz/

PAISES BAJOS
- **INTERNATIONAL TAEKWONDO FEDERATION NETHERLANDS**
- Teunisbloem 4
- 5754 SB Deurne
- E-mail: coos@wanadoo.nl
- Website: //itfnederland.cjb.net

REINO UNIDO
- **ACTION INTERNATIONAL MARTIAL ARTS ASSOCIATION (AIMAA UK)**

- 17 Bridgewater Park Drive
- Skellow, Doncaster,
- S Yorkshire, DN6 8RL
- Tel.: (+1302) 33 0012

- **BRITISH ISLES TAEKWONDO FEDERATION (BITF)**
- Cathburn Road, West Lothian
- Morningside
- Lanarkshire
- ML2 9QO, Scotland
- Tel.: (+169) 838 1753

- **UK TAEKWONDO ASSOCIATION**
- P.O. Box 162
- Orpington
- BR6 0WU
- E-mail: headoffice@ukta.com
- Website: www.ukta.com

SUECIA
- **SWEDISH INTERNATIONAL TAEKWONDO FEDERATION**
- Box 92026, 54102 Skövde
- Tel./Fax: (+500) 42 71 68
- Website: www.itfsweden.com

SUDÁFRICA
- **SOUTH AFRICAN NATIONAL TAEKWONDO FEDERATION**
- P.O. Box 117
- Retreat 7965
- Tel./Fax: (+21) 701 1701
- E-mail: ashihara@iafrica.com
- Website: //sataekwondo.8m.com

10/06 ∅

12/08   1   1/08
2/10   1   1/08
12/12   ③   3/11
4/15   ③   3/11
5/19   ⑦   5/17